北京市一流专业建设系列成果

U0507483

THE IMPACTS OF
INTERNATIONAL OIL SHOCKS ON
CHINESE STOCK MARKET

国际原油价格变动
对中国股票市场的影响研究

曹 红 郭利田◎著

中国财经出版传媒集团

经济科学出版社
Economic Science Press

图书在版编目（CIP）数据

国际原油价格变动对中国股票市场的影响研究/曹红，
郭利田著. —北京：经济科学出版社，2020.1
ISBN 978 - 7 - 5218 - 1273 - 2

Ⅰ.①国…　Ⅱ.①曹…②郭…　Ⅲ.①石油价格 -
影响 - 股票市场 - 研究 - 中国　Ⅳ.①F832.51

中国版本图书馆 CIP 数据核字（2020）第 011080 号

责任编辑：申先菊　赵　悦
责任校对：李　建
版式设计：齐　杰
责任印制：邱　天

国际原油价格变动对中国股票市场的影响研究
曹　红　郭利田　著
经济科学出版社出版、发行　新华书店经销
社址：北京市海淀区阜成路甲 28 号　邮编：100142
总编部电话：010 - 88191217　发行部电话：010 - 88191522
网址：www. esp. com. cn
电子邮件：esp@ esp. com. cn
天猫网店：经济科学出版社旗舰店
网址：http://jjkxcbs. tmall. com
固安华明印业有限公司印装
710×1000　16 开　10.75 印张　160000 字
2020 年 1 月第 1 版　2020 年 1 月第 1 次印刷
ISBN 978 - 7 - 5218 - 1273 - 2　定价：89.00 元
（图书出现印装问题，本社负责调换。电话：010 - 88191510）
（版权所有　侵权必究　打击盗版　举报热线：010 - 88191661
QQ：2242791300　营销中心电话：010 - 88191537
电子邮箱：dbts@ esp. com. cn）

总　序

　　波澜壮阔的改革开放改变了中国，也影响了世界。在改革开放 40 多年的伟大历程中，金融作为实体经济的血脉，实现了从大一统的计划金融体制到现代金融体系的"凤凰涅槃"。我国也初步建成了与国际先进标准接轨、与我国经济社会实际契合的中国特色社会主义金融发展路径。

　　经过 40 多年努力，我们不断改革完善金融服务实体经济的理论体系和实践路径：持续优化完善传统信贷市场，为服务实体企业改革发展持续注入金融活水；建立健全股票、债券等金融工具为代表的资本市场，畅通实体企业直接融资渠道，增强其可持续发展能力；推动低效产能有序退出市场、临时困难但前景良好的企业平稳渡过难关、优质企业科学稳健发展，鼎力支撑我国企业从无到有、从小到大、从弱到强，逐步从低端加工制造向高附加值迈进。

　　经过 40 多年努力，我们基本构建了以人民为中心的居民家庭金融服务模式。不仅借鉴西方现代金融实践，支持家庭部门熨平收入波动，实现跨期消费效用最大化；而且充分利用我国银行业分支机构延伸到乡镇、互联网全面覆盖到村落等良好基础设施，逐步实现基础金融服务不出村，促使我国普惠金融走在了世界前列；同时，积极构建与精准扶贫相配套的金融服务体系，发挥金融在扶贫攻坚中优化资源配置的杠杆作用，为人民实现美好生活提供金融动力。

经过 40 多年努力，我们探索了从国民经济循环流转大局增强金融和财政合力的有效方式。在改革开放的过程中，我们不断优化财政支持与金融服务的配套机制，运用金融工具缓解财政资金使用碎片化问题和解决财政资金跨期配置问题，增进财政政策促进经济结构调整和金融政策促进经济总量优化的协调性，持续提升国民经济宏观调控能力和水平，既避免金融抑制阻碍发展，又防止过度金融风险集聚。

2008 年，美国次贷危机引发的全球金融海啸引发了人们对金融理论和金融实践的深刻反思。金融理论是否滞后于金融实践，缺乏对金融实践有效的指引？金融实践是否已过度复杂化，致使金融风险难以识别、度量和分散？随着互联网、大数据、人工智能、区块链等技术的出现，科技发展在极大提高金融业服务之效的同时，也对传统金融业带来了冲击。金融业态正在发生重大变化，金融风险出现新的特征。在新的背景下，如何处理金融改革、发展、创新与风险监管的关系，如何守住不发生系统性金融风险的底线，已经成为世界性重大课题。在以习近平同志为核心的党中央坚强领导下，我国进入中国特色社会主义新时代。在这个伟大的时代，对上述方面进行理论创新和实践探索的任务非常艰巨，使命非常光荣。为完成这一伟大历史使命，需要建设好一流金融学科和金融专业，大规模培养高素质金融人才，形成能力素质和知识结构与时代要求相匹配的金融人才队伍，加强金融学科建设和金融人才培养正当其时。

欣闻首都经济贸易大学金融学成功入选北京市一流专业，正在组织出版"北京市一流专业建设系列成果"，这在打造高素质金融人才培养基地上迈出了重要步伐，将对我国金融学科和金融专业的建设起到积极的推动作用，为促进我国金融高质量发展并建成现代金融体系做出应有贡献，为实现伟大复兴中国梦提供有益助力。

尚福林

前　言

　　石油的使用效率高，并且较煤炭等传统能源清洁，其在我国经济发展过程中的地位越来越重要。然而受国内石油供给不足限制，随着我国进口石油消费量不断增加，对国际进口石油的依赖度一度非常接近于60%。根据BP世界能源统计年鉴预测，到2030年中国的石油进口依赖度将达到80%。与此同时，一方面，近10年来国际石油价格变化了300%多，油价波动较十年前更加频繁；另一方面，中国国内石油定价机制经过几次大的改革，其市场化特征越来越明显。在这一背景下，国际石油价格冲击开始逐渐受到我国学者与相关政策制定者们的注意。对油价冲击的关注，不仅要求我们了解其对我国宏观经济的影响，也需要分析油价变化对我国股票市场的影响，如影响程度与特征、冲击传导途径等，从而更加了解油价冲击和我国股票市场的运行规律，增强对我国股市变化的预测能力，为股市的监管以及投资者风险预警等提供一定的依据。

　　为厘清国际原油价格变化对中国股票市场的冲击效应，本书就油价对我国行业股市的影响程度与特征，以及两者关系中可能的传导途径等层面，进行了实证研究。

　　首先，本书分析了国际原油价格变化对中国能源相关类股票的影响，发现两者之间存在着随时间而变化的动态关系，并且在2008年发生了结

1

构性变化。在结构性变化发生之前，油价对我国能源相关类股票的冲击效应几乎不存在，而在结构性变化发生之后，油价冲击对我国股市存在显著的正向影响。对油气、煤炭电力和新能源等不同类别股票投资组合收益的分类分析结果显示，国际油价变化对这些不同类型的能源相关类股票的冲击效应也全部显著为正，并且对煤炭和电力类股票的影响系数最大，对新能源行业股票影响程度略低一些。这意味着，一方面，在股票市场上，油价冲击可能引发投资者进行不同能源股之间的投资转移；另一方面，油价冲击可能会通过需求替代或刺激投资等影响非石油类公司经营活动。这显示出在我国虽然石油消费占比远低于煤炭等传统能源，但油价冲击可能会在一定程度对我国能源结构配置产生影响。这说明国际原油价格冲击对我国能源市场而言既是挑战也是机遇。

其次，将股票收益率扩展至 13 个大类行业，基于动态条件相关性模型和因子分析等手段，探讨了国际石油价格变化率与不同行业股票收益率之间的相关关系特征以及行业之间的异同性。动态相关系数分析结果向我们展示出了不同行业股票收益率与油价变化相关系数在大小、波动性以及阶段性等方面的差异：系数最大和波动最大的分别是采掘业和交通运输业股票，而信息技术和传播文化业股票与油价相关关系显著区别于其他行业。对股市冲击特征的分析表明，我国股市的收益变化主要与引起不同行业协同变化的冲击相关。加入油价变化率后的因子分析结果显示，在 2008 年金融危机之后，存在明显的与我国多个行业股票收益率高度相关的油价公因子，说明油价对一些行业股票的冲击能够通过行业联动扩展至其他行业。

在油价冲击与不同行业股票相关性特征的分析基础之上，我们进一步采用多因子回归模型，检验了油价变化对各行业股票的冲击幅度，并考察了油价冲击可能存在的非对称性。研究结果表明，国际石油价格变化对我国采掘业、制造业、交通运输仓储业、信息技术业和批发零售业、房地产行业、社会服务业以及综合类等 8 个行业股票收益的影响系数显著为正，并对采掘业股票的冲击幅度最大；而对农林牧渔业、电力热力和水等生产及加工业、建筑业、金融保险业和传播文化业股票收益不存在显著影响。这意味着，在受到国际油价下跌冲击时，我国股票市场投资者可以通过构造投资组合规避该风险。非对称性分析结果表明，在油价变化与我国行业股市的短期关系中，基本不存在任何的不对称效应，油价上升和下跌对我国各行业股票投资组合收益的影响没有显著差别。

最后，为了理解油价变化为何对中国行业股市存在不同于发达国家的同向冲击效应，结合已有研究中所发现的国际石油价格冲击与中国宏观经济增长之间的正相关关系，本书进一步引入国内生产总值（Gross Domestic Product，GDP）等 4 个宏观经济变量，分析了油价冲击与经济增长、经济增长与我国股市发展的长期关系，以及三者之间的短期互动关系，从而对宏观经济变量在油价冲击影响我国股市收益率中的作用进行探究。在国际原油价格与我国 GDP 的长期关系探讨中，我们分别在传统协整检验和引入非对称性后的协整模型框架下进行了检验，发现两者之间存在不对称的协整关系，显著区别于传统协整检验结果。分析结果也证实了 GDP 与我国股市发展之间的长期均衡关系，但在这一关系中存在着结构性变化——1999 年末结果性断点发生之后，我国股市与 GDP 的长期关系有所下降。通过油价变化、股市收益率和宏观经济变量之间的短期互动关系分析，我们发现油价冲击首先会影响通货膨胀率和经济增长速度，并通过这两者将其波动传导至股票市场。对油价冲击来源进行分类后的短期关系分析结果表明，石油需求冲击对我国股市收益率的直接负向影响效应大于石油供给冲击，而石油供给冲击对我国 GDP 增速的同向影响幅度显著大于石油需求冲击，但总体上石油供给与需求冲击对我国宏观经济变量的影响差异性较小。

从投资者行为角度来看，居民消费与股市之间存在着一定的联系。考虑到随着我国居民收入的不断增加以及居民消费习惯与消费模型的改变，导致近年来我国居民家庭能源消费不断增加这一事实，结合国际石油价格变化情况来看，可能存在石油价格冲击影响居民消费的情况。因此，本书还对是否存在油价变化对股市影响的居民消费途径进行了检验。研究发现油价变化与居民人均总消费变化率之间存在着负相关关系；对消费品类型和油价上涨与下跌冲击进行区分后，实证结果显示，油价上涨对食品服装、交通通信和居住类等不同类别分项消费的影响程度与方向不同，体现出在受到国际油价上涨冲击时，居民会对消费结构进行重新配置的特性，并且油价冲击还显著影响对数消费—总财富比率。进一步关于消费变化与股市收益率、对数消费—总财富比率与股市收益率关系的分析结果显示，我国居民消费与股市收益之间存在一定"此消彼长"的负相关关系，表明我国股市投资者具有投机特征，属于非理性的风险追逐者。因此在一定程度上可以认为，油价上涨冲击导致居民消费变化与调整，是油价变化影响我国股市收益率的潜在途径之一。并且由于油价对消费以及消费对股票收益的影响都是负向，这也能够导致油价对股票的最终影响呈现正相关关系。

与该领域内的已有研究相比，本书在探讨国际原油价格对中国股市的冲击效应中，在研究手段上，更注重对动态关系与非对称问题的分析。本书结合我国经济周期、股市发展中的政策调整等多方面实际情况，基于动态条件相关系数模型和结构性断点检验等，充分考虑了变量系统之间时变性与结构的稳定性；并在长期与短期关系分析中，都考虑了油价冲击对我国经济与股市影响中可能存在的不对称问题，尤其是在长期引入了非对称协整模型。在研究视角上，本书不仅注重从股市行业层面出发，分析油价冲击对能源相关类股票和所有行业股票的影响，还对宏观经济变量与居民消费在油价冲击影响我国股市收益中的作用，分别进行了检验，得到一些很有实践指导意义的结论。特别是对居民消费作用途径的分析，在以往的研究中还很少被关注。

本书受国家自然科学基金"国际原油价格波动对我国企业投资效率的影响及传导机理研究"（71804116）项目资助。

目 录

第8章　主要结论与研究展望 ／ 138

第 1 章

绪　　论

1.1 研究背景及意义

1.1.1 研究背景

在一个国家的工业化进展过程中，能源有着举足轻重的地位。能源之于一国，犹如血液之于人体。能源供应不足不仅会制约正常生产运输等活动，还会对居民生活造成极大影响，严重时甚至危及国家安全。石油作为重要的能源类型之一，具有生产要素和消费品双重属性，在其中扮演不可或缺的角色。伴随着全球许多国家工业化进程的兴起与持续推进，石油对经济与社会发展的重要性日益凸显。但石油这种化石燃料的特性，又决定了其具有不可再生性和短期难以替代性，因此，对于那些本国石油产量有限、供不应求的国家而言，石油进口成了填补缺口的重要途径，国际石油价格变动相应地也成为经济发展过程中备受关注的因素之一。

最近的 10 多年来，全球石油消费需求不断增加，国际石油市场环境更加复杂多变。除了受到新兴经济体需求增加、金融危机等冲击外，国际

1

石油市场在供给层面也受到了诸如产量控制、石油工人罢工、自然灾害及中东地缘政治等因素的影响，增加了石油价格变化的不确定性。从这段时间内石油市场的表现来看，原油价格波动剧烈，在世界范围内受到广泛关注。以在全球石油定价中具有重要地位的欧洲布伦特（Brent）原油为例①，其价格水平在 13～132 美元之间大幅变动。具体来讲，2000 年之前，油价除了在 1990 年 9 月份有一个大的波动、上涨至 34.9 美元每桶外，价格基本维持在 20 美元每桶左右，仅 1997 年亚洲金融危机发生之后，国际石油价格出现明显下跌，并于 1998 年底跌到最低点，每桶油价 11 美元。自 2000 年起，油价重拾上涨势头，2006 年 7 月已经高达 73.67 美元/桶，随后小幅下调后又剧烈上涨，截至 2008 年 6 月国际原油价格涨至 132.3 美元/桶，差不多是 2000 年之前其价格水平的 6 倍多。美国次贷危机发生后，国际油价从最高点快速跌落至 39.95 美元/桶，但随后油价很快又开始上涨，并在 2011 年初重新回到 100 美元以上的高价，随后在 2014 年中发生了断崖式下跌，国际原油价格在 50 元/桶上下波动。

油价的大幅上涨增加了石油进口国外汇支出，导致更多国家财富转出。而油价的剧烈变化对整个石油市场和石油进口国的宏观经济也带来了不确定性。早期研究中，汉密尔顿（Hamilton，1983）通过探讨 1949—1972 年间国际石油价格变化与美国经济增长率的关系，发现第二次世界大战之后美国所经历的 8 次经济衰退中有 7 次是伴随着油价大幅上涨而出现的，认为油价冲击是美国多次经济衰退的重要原因之一，突出了石油价格变化对宏观经济的重要性。从当前学术界有关国际石油价格冲击效应的研究情况来看，油价变化对不同国家和地区宏观经济变量（如经济增长、通货膨胀、利率、汇率、就业或失业等）的影响不断受到重视。油价上涨对石油进口国宏观经济存在不利冲击的观点基本被学术界所认同，特别是对发达国家经济增长率存在负向影响。石油价格上涨还可能影响上市公司生产成本、投资活动与盈利能力，改变企业未来现金流等，从而影响股票

---

① 全球有超过 60% 的石油贸易参照布伦特石油进行定价。

价格。但与大量文献关注油价冲击对宏观经济影响不同的是，关于国际油价变化对股票市场影响效应的分析相对少一些，尤其是针对发展中国家的探讨还相对较为有限，在研究结论上也还存在较多争议。

本书以中国股票市场和国际石油价格为研究对象，分别从能源相关类股票、不同行业股票价格指数等层面，探讨国际油价冲击对我国股票收益的影响，并尝试从宏观经济以及居民消费等角度对油价冲击我国股市的效应进行解释。除了考虑到现有研究中关于油价冲击如何影响发展中国家股票市场的分析较少之外，对上述问题的关注与研究也是受我国石油市场和股票市场的一些客观现象及存在的问题所激发。

首先，中国的能源消费，尤其是石油消费问题，日益突出和严峻。我国能源消费总量 1980 年为 60275 万吨标准煤，2010 年增加到了 324939 万吨标准煤，是 1980 年的 5 倍多，能源消费增长迅速。在能源消费结构上，虽然煤炭长期以来占据重要作用，但伴随着经济的不断发展、居民生活方式的转变以及可持续发展对环境保护的要求等，石油在我国的能源消费中的角色越来越重要。图 1.1 给出了 1995—2018 年，我国能源总消费

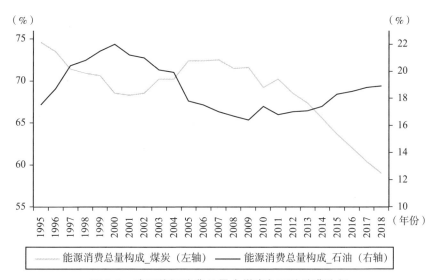

图 1.1　我国能源消费总量中煤炭与石油消费比例

资料来源：中经网统计数据库全国宏观年度数据库。

中煤炭和石油消费占比情况。从总趋势来看,我国国内的煤炭和石油消费结构存在密切的替代关系:2000 年以前,国内煤炭消费占比不断下降,而与此同时石油的消费比重则不断上升;2002—2006 年煤炭消费比例略有上升,但随后又出现下跌,石油消费比例则与其相反。2002—2006 年两者的反向变化,可能是受到这一时段内国际石油价格不断上升因素的影响。从最近的时间来看,2008 年金融危机之后,两者再次呈现出"此消彼长"的关系,尤其是 2011 年起我国煤炭的消费比例有着明显的下降趋势,而石油消费比例小幅增加。

在石油消费问题上,除了消费量不断增加之外,中国对国际石油市场的依赖性也非常高,国际石油价格变化对中国的潜在影响不可忽略。图1.2 给出了我国石油总消费量和进口量的情况。可以看出,无论是国内石油消费总量还是石油进口量,两者均在近 20 年内存在比较明显的上升趋势。统计数据显示,2000 年我国石油消费总量为 22495.9 万吨,2010 年达 43245.2 万吨,目前已成为仅次于美国的全球第二大石油消费国。在石油进口问题上,我国早已于 1993 年成为净进口国,其中 2008 年国内石油

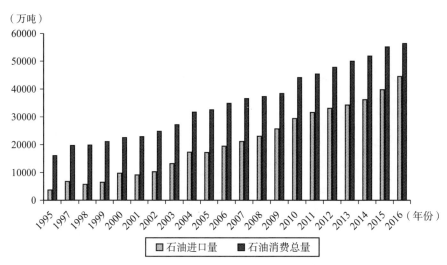

图1.2　中国石油消费与进口情况示意图

资料来源:中经网统计数据库全国宏观年度库。

消费总量中进口比重已超过 50%，2013 年这一比重接近 60%。如今我国
已超过美国，成为全球最大石油净进口国。另有统计数据显示，截至
2010 年，中国可供消费石油总量中有超过 68% 为进口石油。我国对国际
石油市场的依赖可见一斑。

除了数据所显示的我国在石油消费上的实际情况外，从预期角度来
看，国内石油需求以及对国际进口市场的依赖度情况也不容乐观。与发
达国家相比，我国当前的经济增长仍然处于能源密集使用阶段（Ma &
Stern，2008；Hang & Tu，2007），我国的能源强度和能源使用效率，远
低于世界发达国家的水平。数据显示，2007 年中国每 1000 美元 GDP 的
能耗为 0.57 吨油当量，而同时期德国、日本和美国同样创造 1000 美元
GDP 所消耗的能量仅为 0.09、0.12 和 0.17。伴随着我国工业化进程
的持续，国内城镇化进程的加快，以及居民消费过程中对汽车等能源
消耗类商品需求的不断增加，诸多因素都将使中国继续处于能源高需
求阶段（林伯强，牟敦国，2008）。可以说，石油消耗量增加以及对
国际原油市场依赖性不断提高，是我国当前以及未来一段时间内能源
消费的主要特点之一。这就更需要我们关注国际石油价格冲击对我国
经济体的影响。

其次，我国石油价格形成机制还未与国际市场完全接轨。中华人民共
和国成立以来中国石油价格形成机制屡次改革，油价体系大致经历了三个
阶段：1981 年以前，我国对石油采取中央统一计划控制；1981—1998 年
期间，采用双轨制，对计划内基数之外的超产石油，按国际价格出口或者
高价销售；1998 年之后我国石油市场开始并逐渐深化与国际市场的接轨。
其中，在最后一个阶段，我国对成品油定价方案又进行了多次调整。1998
年 6 月，原国家计委出台《原油、成品油价格改革方案》，规定国内原
油、成品油价格参照新加坡市场油价执行；2001 年国内成品油定价基准
进一步被扩展至新加坡、鹿特丹、纽约三地石油市场；2008 年，中华人
民共和国国家发展和改革委员会（下文简称发改委）将国内成品油定价
的参照市场调整为布伦特、迪拜、米纳斯原油价格，并综合考虑原油成

本、相关税费等问题，形成国内成品油零售基准价；2009 年，发改委宣布将国内成品油定价机制调整为以国际一篮子石油价格 22 个工作日的移动平均价格为标准，当篮子油价变化超过 4% 时国内油价相应进行调整；2013 年这一机制进一步被调整为参照 10 天移动平均价格，并取消价格变动 4% 的限制。

我国石油定价机制多次改革这一事实意味着，一方面，虽然国内油价还具有"价格管制"特征，但其市场化特征或者说与国际石油市场的关系已经越来越密切，国内外石油价格关系不断得到强化（李新颜，2005；张意翔，孟刚，2009；Chen，2009；Li & Leung，2011）；另一方面，在油价波动剧烈、国内石油需求不断增加的情况下，尤其是在我国节能减排大环境要求下，如何进一步深化国内石油定价机制改革，理顺国内外油价关系变得更为关键与复杂。在近年来国际原油市场价格波动频繁的背景下，我国国内油价调整陷入了两难境地。油价调整滞后于国际市场时，容易发生价格倒挂现象，影响油产品的供应，对生产和居民生活带来不便，并引发国内油价进一步上升的预期。如果价格调整过于频繁，又会增加企业生产与居民生活成本，对社会和经济发展造成不利影响。这一境地使得我国在油产品定价上非常复杂与谨慎。一个比较典型的例子就是 2008 年的能源价格管制：为了控制通货膨胀，相关部分在 2008 年 1 月份对我国成品油和天然气、电力等能源价格进行了不得调价的规定，导致局部地区出现缺油缺电的情况，对经济造成了较大损失；随后在 6 月份又不得不将这些能源的价格进行上调，但为了对降低提高油价和电价对广大人民群众生活的影响，发改委同时又做出对液化气、天然气及交通运输、农业等价格进行管制与补贴的决定（林伯强，王峰，2009）。石油价格调整要考虑经济体各方面的承受能力，这也需要我们从不同角度深入了解油价对我国宏观经济及资本市场的冲击效应和途径。

最后，从股票市场状况来看，中国股市在过去 20 年左右的时间里发展非常迅速。以上海证券交易所为例，1990 年交易所成立初期仅有 8 家上市公司，市值为 12.34 亿元；1995 年上市公司数量增加到 188 家，市值达 2525.66 亿元，到 2000 年底上海证券交易所的上市公司数量和上市证券数量分别为 572 家和 657 家；2005 年其规模扩大到有 834 家上市公司和拥有 5023.05 亿元总市值；2010 年在上海证券交易所交易股票达 1500 只，共 894 家上市公司，市场市值为 179007.24 亿元。综合中国上海证券交易所和深圳证券交易所两个交易所情况来看，截至 2017 年底，我国共有 3485 家境内上市公司，市场总市值达 239074.5 亿元①。从世界排名情况来看，中国于 2009 年成为全球第二大股票市场，目前更是全球最大的新兴股票市场。

我国在宏观经济发展及经济政策等层面上与国际日益接轨、联系不断紧密的同时，中国股票市场动态在国际上所受到的关注不断增加，国内股票市场与国际金融市场的关联也越来越密切，尤其是 2008 年金融危机发生之后。然而，中国股票市场到底受哪些因素影响，一直是受我国学术界所关注并存有争议的一个话题。比较常见的一种观点是，中国股市最基本的驱动力是宏观经济周期因素和货币政策。从理论上而言，宏观经济发展状况决定股市的基本面，而货币数量则决定了股市的资金供给面。我国有不少文献对宏观经济变量、货币政策因素与股市变化三者之间的关系进行了研究，但是从实证分析结果来看，得到的结论并不确定。一些文献研究表明，宏观经济和货币因素对股市构成显著影响，虽然存在长期的谐振关系，仅存在着弱相关性，关联性不如发达证券市场那样强烈（刘少波，丁菊红，2005；马进，关伟，2006；解洪涛，周少甫，2009）。与此相对应，一些学者的研究结果表明我国股市的运行几乎独立于宏观经济基本面和资金供求面，认为很难从宏观经济基本面和资金面等来对我国股市进行预测（韩德宗，吴伟彪，2003；梁琪，腾建州，2005）。这些研究结果也在一定程度上表明，在宏观经济因素和货币因素外，很可能存在着其他对我国股票市场有显著影响的因素。而结合国际石油价格和我国上证综指与深圳成指走势发现，中国股市在

---

① 资料来源：上海证券交易所统计年鉴，中国证券监督管理委员会统计月报。

1996—2001 年和 2008 年金融危机发生前后的两个时间段内，与国际石油价格的变动趋势具有很大的相似性，尤其是后一个阶段内股市出现了剧烈动荡，沪深两市市值大幅缩水。那么相应地油价冲击是否是影响我国股市运行的一个显著有效因素？能源价格上涨对我国股市是否存在溢价效应？两者之间存在同向协同关系还是负向替代关系？理清这些问题无疑将有助于理解我国股市的运行。

1.1.2　研究意义

结合以上几个客观事实及我国能源与股票市场存在的问题，本书采用不同技术手段、在充分考虑可能存在的结构性变化和非对称性问题情况下，对国际油价冲击与我国股票收益率之间的关系进行了分析，并且纳入宏观经济增长和居民消费等因素，对油价冲击的作用机制进行了探讨。这一研究对理解油价冲击对发展中国家的影响，了解我国股市运行、防范市场风险，以及理顺我国国内石油定价机制等都具有重要学术价值与意义。

第一，国际原油价格变化对发展中国家股市的影响如何，这在当前学术研究中不仅没有形成共识，反而存在诸多争议，并且一些研究中所得到的冲击效应显著不同于发达国家。在这一背景下，分析油价冲击对中国这一全球目前最大的新兴经济体不同类型股票的影响特点，有助于为油价冲击效应研究提供进一步的证据支持，扩展我们对国际石油价格冲击的了解。

第二，中国股票市场发展虽然取得了很大的进步，但在当前阶段还存在较多问题，发展还不成熟，股市监管在其中具有重要地位。不同的是，国际石油市场具有全球性，其投资主体遍布世界各地，该市场具有较强的信息传递和价格发现能力。因而，深入理解股市与国际油价之间的关系，有助于帮助股市监管者判断我国股票市场的走势，提高我国政府对股市的调控和监管效率，有助于保障我国股市稳定、持续发展。并且研究国际石油价格对我国股票市场的冲击影响效应，是对影响我国股票市场因素的一个扩展，能够帮助投资者在石油价格大幅上涨或下跌情况下合理规避风险。

第三，价格形成机制是能源市场的核心问题，理顺价格机制对我国能源市场健康发展具有重要意义，尤其是石油市场。国内石油价格的确定不仅需要考虑宏观经济的承受能力，也要综合考虑其对虚拟经济可能存在的影响。通过系统性探讨油价冲击对我国股票市场的影响程度以及作用机制，有助于为我国公共政策制定者提供一定的参考依据，特别是对国内石油定价机制改革具有重要意义。同时，分析油价冲击对我国股市的影响机制，尤其是从居民消费角度对这一问题进行的拓展，也是在我国当前倡导扩大内需政策指导下，对居民消费影响因素的一个扩展。

1.2　研究内容、方法与结构安排

1.2.1　研究内容

本书系统地分析了国际石油价格对我国能源类股票和不同行业股票收益的影响，并在确定这一冲击效应存在后，从宏观经济和居民消费视角对油价冲击的传导渠道进行了分析。

全书共有 8 章构成：第 1 章为绪论；第 2 章为文献综述；第 3 章分析了国际石油价格对中国能源类股票的影响效应；第 4 章从行业股票收益率角度，探讨了国际原油价格变化与我国股票收益率之间的相关性及特征；第 5 章继续从行业角度出发，回归分析了油价变化对我国行业股市的影响幅度和非对称性；第 6 章是石油价格变化对我国股市影响的宏观经济渠道研究；第 7 章分析了居民消费在油价变化冲击中国股市收益率中的作用；第 8 章是对本研究的总结。

在各章研究中，具体内容主要包括以下内容。

第1章绪论部分简单介绍了国际石油价格走势情况、我国能源消费以及对进口石油的依赖度、我国石油定价机制改革等研究背景和我国股票市场发展状态等。揭示了本研究的实际与学术意义，并对书中用到的主要研究方法和研究框架进行了简单介绍。

第2章从油价冲击对宏观经济的影响渠道与证据、宏观经济与我国股市关系、油价变化对各国股市收益的影响研究等方面，对相关文献进行了回顾和系统性梳理。这有助于从理论和实证角度为本研究提供一定的背景支持，并帮助我们了解近几十年来油价冲击的市场与国别差异等。

第3章是国际石油价格冲击对中国能源类股票投资组合收益的影响效应分析。在研究中，我们首先通过引入动态条件相关性模型（Dynamic Conditional Correlation，DCC），考察了油价变化与能源类股票收益的时变关系，并在此基础上基于油价因子模型、资本资产定价模型以及三因子回归模型，分析了油价冲击对全部能源股投资组合收益以及不同能源类型组合收益的影响，并在分析过程中考虑了因金融危机以及石油价格机制改革等因素所可能带来的结构性变化问题。研究证明在油价与能源股关系中存在结构性断点，2008年之后两者之间存在显著的同向关系。

第4章基于统计描述手段，分析了国际石油价格变化与中国不同行业股市收益率之间时变相关系数的异同性，以及油价冲击在股市内的传导特征。动态关系异同性比较主要基于DCC模型所得结果，对传导特征的分析主要基于因子分析模型进行。

第5章是对油价冲击幅度的分行业回归分析。文章采用格兰杰因果检验和回归分析等方式，对国际石油价格对我国各行板块的冲击效应进行了实证研究；并进一步引入油价冲击的三种非线性变化序列，探讨了油价对我国股市影响的非对称问题。

第6章分析了国际原油价格冲击是如何通过影响我国宏观经济变量进而影响股市的。在分析中，我们首先建立了油价与我国GDP之间的传统与非对称性协整关系分析框架，探讨了GDP与股市之间的长期关系，在这两类关系都得到肯定结果的情况下，分析了经济增长与股市的长期关系，并进一步引入利率、通货膨胀率和货币供应量等因素，分析了油价与宏观经济和股市三者之间的短期动态关系。另外，本章还对油价变化原因进行区分，探讨了石油供给冲击和需求冲击对我国股市和宏观经济变量的差异性影响。

第 7 章是关于石油价格对股市冲击的居民消费途径检验。文章首先在基于持久收入假说而得到的消费短期动态调整方程下，分析了国际石油价格变化对我国居民人均总消费以及分项消费是否存在影响以及其影响是否存在非对称性。其次，在对油价与消费关系确认的基础之上，进一步引入对数消费－财富比率等指标，考察了消费与股市收益之间的关系。

第 8 章是本书的结论部分。

1.2.2 研究方法

本书以实证分析为主，同时采用了定性与定量分析相结合的方式。在具体分析中，无论是从不同角度对油价冲击我国股市效应进行测度，还是对油价冲击股市的渠道检验部分，本书都是建立在有关油价冲击效应的理论分析基础之上。

在不同章节的具体分析中，我们根据研究对象与问题的不同，结合所采用的数据特点，选择了不同的计量分析手段，力求分析恰当、准确。例如在油价与能源股和行业股收益的相关系数统计上，我们采用了可靠性更高、能够更有效地揭示出金融变量序列时变特征的动态条件相关系数（DCC）模型；在油价冲击与股市及宏观经济变量关系和消费与收入、财富的长期关系中，本书充分考虑金融危机等因素的潜在影响，引入结构稳定性检验，对系统中可能存在的结构性断点进行了仔细的识别；再如，针对油价与经济增长之间的长期关系分析中，采用了由舍尔德（Schorderet, 2003）所提出的非对称协整分析模型，把两个时间序列分别分解为正向增量累计和、负向增量累计和，分别检测这两个部分之间的长期均衡关系。除此之外，本书在分析中还采用了因子分析模型、资本资产定价（CAPM）和Fama – French 三因子模型、格兰杰因果关系检验、协整检验和向量自回归模型等。

1.2.3 结构安排

这里如图 1.3 所示，给出了本书的结构安排。

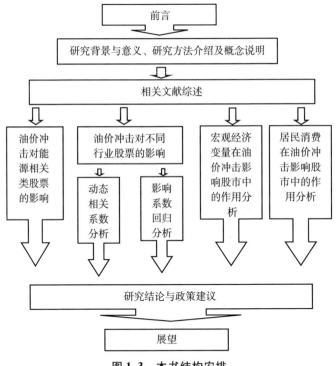

图 1.3 本书结构安排

1.3 几个概念的说明

在对所研究的问题进行具体分析之前，这里首先就本研究所涉及的几个关键概念进行基本界定与说明。

（1）石油价格冲击。在本研究中，石油价格冲击对应的是布伦特原油价格的变化率。采用布伦特石油价格序列主要是考虑到全球有超过60%以上的石油贸易是参照其进行定价的，并且也有不少学者在研究中采用了这一指标。此外，在 2008 年的我国石油定价机制改革中，布伦特原油价格也被明确纳入我国石油价格调整的参考篮子中，因此这一油价指标与我国国内石油价格的关联也更为密切。文中所采用的国际石油价格主要是以美元计价，没有将其转换成人民币计价，未考虑汇率因素，这主要是基于以下两点考虑：第一，中国的汇率制度在一定程度上受政府等部门的管制，不能完全体现出市场的供给与需求状况；而且在本书的研究区间内，我国汇率制度经历了几次比较大的调整，存在比较明显的人为干扰因素。第二，在油价与汇率关系问题上，学术界在两者影响的方向问题上还存在争论，一些学者认为汇率会影响油价变化外，但同时也有学者认为两者关联很小或者油价变化对汇率存在影响（Reboredo，2012；Narayan，2008；Lizardo & Mollick，2010）。

（2）非对称性影响。其对应的是，将石油价格区分为上涨变化和下跌变化后，分别考察这两个非线性部分对股市的影响，如果油价上涨和下跌对经济的影响方向或在影响程度上存在明显的不同，则认为存在油价冲击的非对称性。在对油价冲击是否具有非对称性的检验过程中，本书借鉴李等人（lee et al.，1995）及汉密尔顿（Hamilton，2003）等的方式，对油价变化原始序列采用了不同方式的非线性变换，从而得到油价上涨或下跌序列、与过去一段时间比较的净油价变化序列和经波动率规模化处理后的油价上涨和下跌序列。

（3）能源相关类股票。主要是指几种重要的能源行业股票，文中考虑的有电力、煤炭、石油、天然气和新能源等行业上市公司股票。在股票筛选过程中，首先结合我国证监会行业分类标准和新浪财经的行业分类标准，从沪深两市的上市公司股票中，选择出属于以上 5 个能源种类的股票；初步选择出这些类型的股票后，我们还逐一检查了各上市公司的主营业务，确认所选公司与能源之间存在密切关联。

（4）行业股票。本书以我国证券监督管理委员会在 2001 年出台的行业分类指导标准为依据，选取其所划分的 13 个门类行业股票。这 13 个行业分别为：农林牧渔业、采掘业、制造业、电力热力燃气和水生产及供应业、建筑业、交通运输及仓储业、信息技术业、批发零售业、金融保险业、房地产业、社会服务业、传播及文化业和综合类股票。

第 2 章

文 献 综 述

在 20 世纪 70 年代，两次石油危机的爆发，以及同一时期西方国家所经历的高通货膨胀和经济衰退，引发了学者们对石油价格与宏观经济关系的注意与研究。国际石油价格变化对宏观经济及股票市场影响的机制是什么？在历次的石油危机中，油价冲击对宏观经济的影响效应如何？油价对宏观经济冲击具有哪些特点？或者说油价冲击对不同国家，如发达国家和发展中国家，石油进口国与石油出口国等的冲击方向与幅度具有哪些异同点？在宏观经济之外，石油价格冲击是否及如何影响股市的运行？油价变化对不同经济体的股市、对股市的不同行业影响是否相同？带着这些疑问，在本章中，我们将从国际石油价格影响宏观经济及股市的可能渠道、油价变化对宏观经济和股市的影响证据以及宏观经济与我国股市关系等几个方面，就学术界已有的研究观点和结论进行相应地综述与评价。

2.1 国际原油价格影响宏观经济与股市的渠道

2.1.1 油价对宏观经济冲击的可能机制

油价冲击对宏观经济的影响是最先得到关注的。从理论角度而言，油价冲击是能够对宏观经济发展造成一定程度的影响。早期研究中，有学者（Hamilton，1988；Rotemberg & Woodford，1996；Finn，2000）从不同角度，在理论层面对油价冲击效应进行了相关探讨。在近年来的研究中，油价冲击对宏观经济的影响渠道得到普遍认同，多位学者（Segal，2007；Kilian，2008；Edelstein & Kilian，2009）对油价冲击的传导机制进行了总结。综合来看，油价对宏观经济影响的可能渠道主要包括：通货膨胀效应、收入或财富转移效应、要素投入渠道效应、资源配置效应和不确定性效应。

（1）通货膨胀效应。石油价格上涨引起国内价格水平乃至通货膨胀率上升，而这会通过实际余额和货币政策两个渠道对宏观经济造成影响。前者认为，油价上涨带来的通货膨胀率增加，会导致经济体中家庭和企业所持有的实际货币余额降低，从而抑制总消费。货币政策渠道认为，在高油价引致通胀压力增加的情况下，实际工资水平下降，"工资—价格"螺旋上涨机制被启动，如果中央银行货币政策盯住通货膨胀率，高油价引发货币当局采取紧缩性货币政策、提高利率，放大石油油价冲击对经济的影响。比如伯南克、格特勒和沃森（Bernanke，Gertler & Watson，1997）研究发现，紧缩性货币政策是油价上涨造成经济紧缩的重要原因。李等（2001）及莱杜克和西尔（Leduc & Sill，2004）认为，油价冲击对实体经济影响总幅度的40%左右，是由货币政策改变造成的。

（2）财富转移效应。这一效应对应的是，对石油进口高度依赖的国家而言，国际石油价格上涨意味着需要支付更多的外汇，在维持石油进口消费量不变的情况下，进口国收入和国民财富转出，从而引起本国整体收入降低，国内购买力和支出水平以及总需求下降。在我国，石油是目前最大的单一逆差项目商品。2000年中国原油净进口量为5996万吨，逆差达127.3亿美元，2012年净进口量为26859万吨，逆差扩大至2184亿美元。按2012年日均进口石油557万桶计算，国际油价每上涨5美元，每天就要多支付2785万美元。[①] 收入转移对我国经济的影响不容忽略，尤其是在

---

① 资料来源：中经网统计数据库。

油价大幅上涨时，净财富转出更为突出。

财富转移的另一方面影响在于，油价上涨使石油净出口国的财富与收入增加，可能增加该国对石油净进口国的其他商品需求。两方面影响同时作用时，油价上涨所带来的收入转移效应对石油进口国的总体需求影响是不确定的。

（3）要素投入渠道效应。由于石油同时具备生产要素属性，如果被作为资本的互补品使用到生产过程中，那么油价上涨导致以其为投入原料的企业生产成本增加，企业利润下降，降低生产量，从而导致社会总供给减少，潜在产出水平下降。除此之外，油价波动还将增加其未来预期价格及未来石油可获得性等方面的不确定性，冲击相关的投资品与高价值消费品的需求，也会使得企业决策者降低对石油与资本的投入，导致经济体总生产能力下降，供给减少，潜在产出水平下降（Bernanke，1983）。

（4）资源配置效应。油价上涨一方面会增加油产品投入较多的能源密集型行业企业的生产成本，但同时会使石油和天然气开采业等能源生产行业从中受益，也即对能源投入行业和能源产出行业存在差异性影响，这将引起能源密集型企业进行结构调整。石油价格上涨还会引起家庭改变对汽车等石油消耗性产品的消费习惯及消费模式，影响企业的生产与供给决策，引起不同部门间或同一部门内的行业调整。如戴维斯和霍蒂万格（Davis & Haltiwanger，2001）以汽车行业为例，研究发现 1973 年油价冲击增加了美国的能源石油效率更高的小型汽车需求，相应地大型汽车需求减少。在资本和劳动重新配置成本较高，也即存在摩擦的情况下，结构调整导致劳动力供需错位，造成结构性失业，降低短期内经济体的整体就业与产出水平（Hamilton，2003）。

（5）不确定性效应。石油当前价格变化会增加其未来价格的不确定性，因而油价波动引起消费者推迟对一些耐用消费品的购买（Bernanke，1983），导致企业决策者降低对石油与资本的投入，暂停一些不可逆的投资。能源价格波动还意味着家庭支出的不确定性增加，增加家庭预防性储蓄（李勇辉，2005），减少消费支出。

2.1.2 油价对股票市场冲击的可能机制

除了对宏观经济的影响外，油价冲击还可能对资本市场，如股市造成影响。从资产定价角度来说，油价冲击对股票市场的影响至少可以通过以下两个渠道实现。第一，股票价值在理论上等于未来现金流的贴现值之和，石油作为企业的重要投入品，其价格上涨会导致企业生产成本增加、利润降低，从而影响未来现金流，引起股价发生变化（Jones & Kaul, 1996; Sadorsky, 1999; Apergis & Miller, 2009; Arouri & Nguyen, 2010）。比如，一个比较直观的影响渠道是，大部分企业在日常经营活动中都需要进行产品运输活动，油价上涨会带来企业交通运输费用增加，也即导致企业成本支出增加，从而降低企业利润和支付给股东的股利，影响股票价格。第二，油价上涨会带来"输入性通货膨胀"压力，导致中央银行采取一系列紧缩性货币政策（Bemanke, 1997），如提高利率等进行干预，从而改变股票定价模型中的贴现因子（Huang, 1996; Henriques & Sadorsky, 2008）。此外，油价变化带来的不确定性影响，也可能导致风险溢价上升。

从投资者决策角度来看，由弗莱德和舒尔茨（Fried & Schulze, 1975）、多纳（Dohner, 1981）等所提出的财富转移同样是油价冲击影响股市的可能渠道之一。油价上涨会导致石油进口国财富转移至石油净出口国、降低进口国国内购买力，但同时消费具有平滑特征和向下调整的"棘轮效应"，在这一情况下，居民和企业有可能抛售所持有的证券资产来维持消费水平不变，从而对股票价格造成影响。

从一般意义上来讲，股市是宏观经济的"晴雨表"，企业现金流不仅反映了宏观经济发展状况，还受到宏观经济冲击的影响，石油价格变动对经济增长的冲击效应也可能在股票市场上得到体现。尤其是油价冲击可以通过实际余额渠道和不确定效应渠道对居民消费信心与消费支出造成影响。而基利安和帕克（Kilian & Park, 2009）在研究行业层面股票收益与不同类型石油价格冲击间关系时也指出，油价波动所导致的对最终商品和服务需求的降低，是其对股市冲击传导的重要渠道。

2.2 油价变化对宏观经济的冲击影响证据

2.2.1 油价变化对他国经济的影响

从近几十年的研究情况来看，大量学者探讨了国际原油价格变化对发达国家与地区以及发展中国家宏观经济的影响。从研究内容上来看，主要侧重于分析油价冲击对某一或一些宏观经济变量指标的影响；从研究结论上来说，油价冲击对发达国家的经济增长存在负向影响这一观点已基本得到认同。汉密尔顿（1983）是其中最具有代表性和影响力的研究之一。通过对 1949—1972 年间国际石油价格变化与美国实体经济两者之间的格兰杰因果关系检测，我们发现油价波动与美国 GNP 增长率之间存在很强的相关性，并且认为油价冲击是导致第二次世界大战之后美国经济多次衰退的重要原因之一。

继汉密尔顿（1983）之后，大量学者探讨了油价变化对不同宏观经济指标，如 GDP、GNP、工业产出、失业率、就业水平、通货膨胀率、利率、汇率等的冲击效应。伯比奇和哈里森（Burbidge & Harrison，1984）分析了油价冲击对美国、英国、加拿大、日本和德国一些宏观经济变量的影响，发现油价与美国英国的宏观经济指标之间存在显著的相关性。吉瑟和古德温（Gisser & Goodwin，1986）发现油价冲击对产出、价格水平、失业率和实际投资的一系列宏观经济变量存在影响。费德勒（Ferderer，1996）发现油价上涨会引起通货膨胀率上升和经济衰退，并认为未预期到的油价突然冲击对实际经济增长的影响程度更大。戴维斯和霍蒂万格（Davis & Haltiwanger，2001）发现石油价格冲击对美国 1972—1988 年制造业就业增长存在影响，认为油价解释了就业增长率变化的 20% ~ 25%，远大于货币冲击的影响。帕帕皮特洛（Papapetrou，2001）发现油价冲击对就业水平存在负向影响，认为这是由于油价上升引起生产成本增加，从而导致产出水平和就业率下降。黄等（Huang et al.，2005）采用多变量门限模型，分析了 1970—2002 年期间，油价变化和波动率对美国、加拿大以及日本的工业产出及实际股票收益等的影响。研究发现，当油价变化率和波动率低于门限值时，其对经济的影响比较有限；而当高于门限值时，油价变化率对宏观经济的影响程度远大于油价波动率的影响。利萨尔多和莫里克（Lizardo & Mollick，2010）发现石油价格对 1970—2008 年的美元汇率变动存在一定的解释力，实际油价上涨会引起美元对于净石油出口国货币贬值，会引起石油进口国货币，如日元，相对于美国贬值。巴沙尔等（Bashar et al.，2013）采用结构 VAR 模型，探讨了石油价格不确定性对加拿大宏观经济的影响效应，发现其会降低总产出和物价水平，降低耐用品和非耐用品等制造行业的产出。

李和尼（Lee & Ni，2002）则将油价冲击对宏观经济的影响扩展到行业层面，分析了油价冲击对不同行业的需求与供给影响。研究发现，油价冲击对美国行业经济存在广泛的负向影响；脉冲响应函数显示，对石油需求较大的行业，如炼油与化工行业，油价冲击主要体现在降低供给上，对其他行业而言，油价冲击降低需求。范和贾汉帕瓦尔（Fan & Jahan - Parvar，2012）分析了美国 49 个行业股票收益序列与 WTI 现货价格、纽约商品交易所轻质原油期货价格之间的关系，发现油价对股市收益的预测能力仅局限在几个行业中，但可以预测行业股票收益的 20%；而原油期货价格对行业股票没有预测能力。

除了上述研究外，一些学者对油价冲击显著影响宏观经济这一结果提出了质疑。胡克（Hooker，1996）发现，1973 年之后，国际石油价格不再是美国很多宏观经济变量的格兰杰原因。伯南克、格特勒和沃森（Bernanke，Gertler & Watson，1997）研究发现，石油价格冲击对经济体的冲击效应绝大部分来自紧缩的货币政策，而非油价变化。具体而言，文章认为货币政策的作用占总效应的 2/3 至 3/4。不过，汉密尔顿和赫雷拉（Hamilton & Herrera，2004）对伯南克等（1997）的研究结论提出质疑，认为油价变化的直接冲击效应要大一些，而货币政策在其中的作用小很多。

随着对石油价格冲击与宏观经济关系研究的不断深入，在大量实证分析中，研究者们除了在国别以及宏观经济变量和研究方法上进行相应的扩展外，还在油价冲击是否具有非对称性问题和油价冲击来源等层面上进行了分类扩展。其中，莫克（Mork，1989）最早将石油价格变化区分为油价上涨冲击和油价下跌冲击，分别考察了其对 GNP 的影响，发现油价下跌对经济增长的影响不显著、效应基本为零，而油价上涨对经济增长存在显著的负向冲击。在此之后，汉密尔顿（Hamilton，1996）认为油价上涨对经济体的影响远大于油价下跌的影响，在波动剧烈时期，油价对 GDP 增速的预测能力较弱；并认为大多数单个油价上涨是对上一期油价下跌的调整，因而采用净油价增长率指标，对油价变化与经济增长关系重新予以了探讨。李等（1995）认为在油价较平稳时期和油价波动剧烈时期，油价变化对经济的影响应该存在差异，因而构造了同时考虑油价非预期部分与油价变化的时变条件方差的冲击变量；其研究发现油价上涨冲击对经济增长存在显著影响，而油价下跌冲击对经济增长无显著影响。这些研究构成了后来大量学者对油价冲击是否具有非对称性效应分析的重要基础。

基于上述研究所提出的非线性油价变化指标，后续研究中较多学者进行了进一步的实证检验。库纳多和佩雷斯德格拉西亚（Cunado & Perez de Gracia，2003）采用 1960—1999 年的季度数据，在综合考虑可能存在结构性变化和非对称性情况下，研究了石油价格对欧洲 14 国通货膨胀率和工业生产指数的影响。研究发现油价对通货膨胀率有持久影响，对产出增长存在短期的、非对称性的影响效应；并且不同国家对来自油价冲击的响应显著不同。罗德里格斯和桑切斯（Rodriguez & Sanchez，2005）采用多元 VAR 模型，从线性和非线性两方面，实证分析了油价冲击对主要工业化国家实际经济活动的影响，发现油价对实际 GDP 存在非线性影响，油价上涨对 GDP 的冲击幅度远大于油价下跌的影响幅度。张（Zhang，

2008）在非线性设定框架下，探讨了国际原油价格变化对日本经济的影响，证实了油价冲击与日本经济增长之间的非线性关系。拉赫曼和塞尔利蒂斯（Rahman & Serletis，2010）采用 1983 年 1 月至 2008 年 12 月的数据，研究了油价冲击与货币政策对宏观经济活动的非对称效应；发现石油价格本身，以及油价波动率，均对宏观经济活动存在影响；同时发现，货币政策在其中不仅加强了油价变化对产出的冲击，而且导致了产出对油价冲击响应的不对称性。

可以说对能源价格冲击非对称性效应的确认，使得理论分析中的部分渠道得到佐证，如资源再配置渠道和不确定性，以及通货膨胀效应中的货币政策渠道。因为，从配置渠道来看，油价下跌时，以能源为产出品的企业受到不利影响，这种不利影响与财富转移以及实际余额等对经济的有利影响叠加，使得油价下跌对经济的影响幅度减小或不显著，由此体现出非对称性。从货币政策角度来看，在能源价格上涨时，货币当局有动机实施紧缩性货币政策，油价下跌时并不倾向于采取扩张政策（Brown & Yucel，2002），从而使得货币政策成为引致油价对经济造成非对称性影响的可能原因之一（Rahman & Serletis，2010）。同样，不确定性也会放大宏观经济对能源价格上涨冲击的响应、缩小经济对油价下跌冲击的响应幅度（Kilian，2008；Edelstein & Kilian，2009）。

该领域研究中另一个重要的扩展就是对油价变化不同驱动因素的区分。虽然起步相对较晚，但在最近几年内，已经有学者注意到不同因素带来的油价冲击可能对宏观经济存在差异性影响。基利安（Kilian，2009）最早在其研究中，强调了研究油价上涨对美国实际 GDP 和通货膨胀影响时，区分油价上涨原因的重要性。随后这一问题开始受到研究者的关注。阿坎斯卡等（Archanskaïa et al.，2012）研究发现由"供给驱动"因素所引起的石油价格变化对净石油进口国的宏观经济活动存在负向冲击，而"需求驱动"型油价冲击对经济不存在负向冲击；文章通过对 1970—2006 年的油价冲击类型进行区分后认为：1970—1992 年，国际石油价格冲击主要是由供给驱动因素造成的；1992—2006 年，油价波动主要是"需求驱动"型。阿坎斯卡等还认为，后一阶段的油价冲击类型也解释了一些研究中（Blanchard & Gali，2010；Blanchard & Riggi，2009；Kilian & Lewis，2011）所发现的"2003—2006 年，石油价格冲击对全球经济增长不存在影响效应"这一结果。德詹纳基斯、菲利斯和弗洛罗斯（Degiannakis、Filis & Floros，2013）在研究欧洲工业指数收益与石油价格收益关系时发现，两者之间的相关性不仅随时间和行业而发生变化，而且造成石油价格变化的原因不同，也会使油价冲击与工业指数收益之间的关系发生变化；对造成油价变化的原因进行区分后，作者发现供给因素造成的石油价格波动与工业指数收益之间存在中低度正相关关系，预防性需求导致的石油价格变化对工业指数收益不存在影响，而总需求驱动的石油价格冲击对两者相关性存在重要影响，但影响方向并不确定。虽然这一类研究还相对有限，但却提醒我们在后续研究要注意区分油价冲击的类型。

2.2.2 油价变化对中国经济的影响

中国经济在近 20 年来的快速发展，以及同时对能源消费需求的不断增加，都在世界范围内受到了较多的关注。关于国际石油价格是否以及如何冲击我国宏观经济的探讨，也在近年来不断增加。对两者关系的研究同样涉及了产出、消费、投资、进出口、通货膨胀、利率、汇率和价格水平等多个宏观经济变量方面。从研究结论上来看，存在这样三种观点：一是，国际石油价格上涨对我国宏观经济存在不利影响。二是，石油价格冲击对我国宏观经济的影响比较有限或者其冲击效应的实现需要满足一定的条件。三是，国际石油价格变化对我国宏观经济存在正向影响。

在具体研究中，范等（Fan et al.，2007）基于可计算的一般均衡模拟模型（General Equilibrium Simulation Model），通过探讨国际石油价格对中国经济的影响效应，发现油价上涨冲击对我国实际产出（GDP）、投资、消费以及进出口等经济活动存在负向影响，不过作者认为技术进步可能有效减少油价的不利冲击。林伯强、牟敦国（2008）也采用 CGE 方法分析了能源价格冲击对我国宏观经济的影响，发现能源价格上涨对我国经济具有紧缩作用，但不同行业间存在差异性，并认为油价冲击有助于推动我国产业结构变化。唐、吴和张（Tang, Wu & Zhang, 2010）在强调价格传导机制的情况下，分析了油价冲击对中国经济的影响，研究发现油价上涨对投资与产出存在负向冲击，对通胀率和利率有正向冲击效应。与上述研究结论有所区别的是，刘建、蒋殿春（2009）研究发现，国际油价冲击虽然能够通过增加国内通胀压力、导致货币政策紧缩和人民币汇率波动等途径，加剧对产出的影响，但这种间接影响的幅度相对有限。林伯强、王锋（2009）在能源价格分别受管制和不受管制的情形下，模拟分析了能源价格变化与我国一般物价水平间的关系，研究认为能源价格上涨所引致的一般价格水平上涨幅度有限，并且实行价格管制对控制能源价格向我国一般价格水平的传导有一定作用。张斌、徐建炜（2010）借助于结构向量自回归模型（Structural Vector Auto Regressive, SVAR），实证研究发现虽然石油价格冲击可以通过投资渠道影响总产出，但油价变化对我国宏观经济的影响是有条件的：只有油价变化引起一般价格水平上涨、要素投入变化和我国货币政策相应进行调整时，该冲击才会显著影响我国经济；研究同时指出，货币政策无法完全避免油价变化对经济的负向冲击。在第三类观点中，最具有代表性的是杜等（Du et al., 2010）的研究。作者探讨了1995—2008年石油价格变化对我国宏观经济的影响效应，研究发现油价冲击对我国经济增长和通货膨胀存在显著的非对称性影响——油价上涨冲击对我国经济的影响不显著，但油价下跌时对我国经济存在显著的正向冲击。此外，法里亚等（Faria et al., 2009）在其研究中发现石油价格变化对我国出口存在正向影响，代伊博、谭力文（2010）通过 VAR 模型分析认为，国际油价波动对我国石油天然气开采、黑色金属冶炼业及交通运输设备制造业的消费需求有同向冲击效应。

除了以上研究之外，杨柳、李力（2006）借助于误差纠正模型和协整分析框架，研究发现我国实际 GDP 与能源价格及通货膨胀等变量间存在均衡关系。黄和郭（Huang & Guo, 2007）分析了油价冲击对我国实际汇率的影响，发现油价变化会引起我国长期实际汇率小幅升值。陈宇峰、缪仁余（2010）以油价冲击与我国居民消费关系为研究对象，发现国际油价对我国汽车消费需求具有非线性和非对称冲击效应。欧等（Ou，Zhang & Wang，2012）采用结构动态因子模型分析了 1997—2011 年，中国 71 个月度宏观经济指标对国际石油价格冲击的响应状况。张和陈（Zhang & Chen，2014）分析了期货市场和金属、化工、粮油等基础行业对油价冲击的响应，发现预期和非预期的油价波动率对我国期货市场存在影响，可预期的油价冲击对化工和油料作物指数有显著影响，但对金属和谷物行业不存在冲击效应。王和张（Wang & Zhang，2014）探讨了石油价格上升和下跌冲击对我国谷物、金属、石油化工等基础行业的影响，发现油价冲击对中国期货市场存在非对称性影响效应，并且石油化工也受油价冲击的影响程度最为严重，而谷物市场受影响较小。

2.3　宏观经济与股票市场

在宏观经济与股票市场的关系上，最常见的一种观点是宏观经济发展状况决定股市的基本面，宏观经济因素是股市最基本的驱动力。从国外研究状况来看，虽然也有学者认为股市与宏观经济之间不存在显著的相关关系，但更多学者研究发现两者之间存在明显的或者高度的相关关系。如哈瑞斯（Harris，1997）通过检验 49 个国家股市发展和经济增长的关系，发现两者关系较弱，尤其是欠发达国家股市与宏观经济关系非常微弱。而阿特杰和约万诺维奇（Atje & Jovanovic，1993）在对 40 个包括发达和发展中国家在内的不同国家股市与经济关系检验中发现，两者存在明显的相关性。昆特和莱文（Kunt & Levine，1996）以 44 个不同收入水平的国家作为样本，研究发现在不考虑人力资本投资、银行发展水平和汇率等变量情况下，股市与经济发展之间存在非常明显的正相关关系。莱文和泽尔沃（Levine & Zervos，1998）也发现股市与宏观经济之间存在高度正相关关系。

中国股市虽然在上市公司数量和市值规模等方面发展迅速，已经在全球金融市场上具有重要地位，但依然是一个发展还不成熟的新兴资本市场。宏观经济与中国股市问题，更是一直备受我国学术界关注。有不少文献对宏观经济变量、货币政策因素与股市变化之间的关系进行了研究，但从实证分析结果来看，得到的结论并不确定。一方面，部分文献研究表明，宏观经济和货币政策因素对我国股市存在影响。如刘勇（2004）通过误差修正模型研究发现我国股指、GDP、利率、货币供应和CPI等变量之间存在长期均衡关系，并且股指与GDP和CPI之间呈现出正相关关系。段鸿斌、杨光（2009）借助于协整分析框架研究认为，在1995—2007年我国股市发展与经济增长之间存在双向因果关系。杨高宇（2011）基于动态条件相关系数（DCC）模型探讨了1996—2010年我国股市周期与真实经济周期、金融经济周期之间的动态关联，研究认为真实经济周期和金融经济周期波动均对我国股市周期运行具有长期正向影响，我国股市表现为投资驱动与资金推动双重特征；还发现股市周期与真实经济周期以及金融经济周期的动态相关系数在"牛、熊市"阶段表现不同，股市周期与真实经济和金融经济周期间的动态关联具有不断加强的趋势。但在持有这一观点的研究中，不同学者所得到的结论也非完全一致。如以货币政策对我国股市的影响为例，易纲、王召（2002）研究发现货币政策在长期能够通过影响投资而对股票价格存在影响，解洪涛、周少甫（2009）在对1998—2007年我国上证A股指数与6个宏观经济变量之间的关系分析时发现，股指收益与工业增加值、利率和CPI之间存在相关关系，但与投资、出口、货币供应量之间不存在相关关系。陈其安、张媛、刘星（2010）基于2000年1月至2008年6月的数据，分析认为上证综指价格变动虽然不能反映经济基本面的变化，但具有资金拉动特征。

另一方面，一些学者的研究结果表明我国股市的运行几乎独立于宏观经济基本面和资金供求面，认为很难从宏观经济基本面和资金面等来对我国股市进行预测。如韩德宗、吴伟彪（2003）研究认为，以上证综指为代表的我国股市不能反映宏观经济的变化。梁琪、腾建州（2005）基于多元 VAR 模型对我国股市与经济增长的关系进行了检验，发现两者之间不存在任何因果关系。马进、关伟（2006）发现虽然我国股市与经济增长之间存在长期稳定关系，但由于股票市场发展不成熟，其与宏观经济的关系还不明显，两者相关性非常弱。贾炜、蔡维和樊瑛（2007）研究认为，我国股票市场整体波动与实体经济关系较小，只有利率是影响股市波动最直接有效的变量。

从以上文献研究中不难发现在我国股市与宏观经济关系上的争议。值得关注的一个问题是，我国股市与宏观变量的关系很可能并非一成不变的。除了杨高宇（2011）发现两者关系中存在时变特征外，如另一篇研究中，刘少波、丁菊红（2005）发现在我国股市与宏观经济关系中存在拐点，1997 年之前两者不相关，1997 年之后股市与宏观经济呈弱正相关。尤其是考虑到我国股市在发展过程中经历了证券法出台、汇率改革、1997 年和 2008 年金融危机等重大事件，这很可能会对股市与宏观经济相关关系存在影响。在后续研究分析中，有必要对两者构成的系统进行稳定性检验。

此外，许均华、李启亚（2001）从定量和定性两方面分析了宏观经济政策对我国股市收益的影响，研究认为连续性政策对股市的解释程度较低，而一些非连续性政策对股市影响较大。刘玲、谢赤和曾志坚（2006）也对我国股票价格与宏观经济变量之间的协整关系进行了检验，发现股指与企业景气指数、工业增加值、利率和货币供应量之间存在长期均衡关系，但股指与通货膨胀率的关系具有不确定性。而在韩学红、郑妍妍、伍超明（2008）的研究中，作者探讨了股票收益与通货膨胀率之间的关系，发现 1992 年 5 月—1999 年 12 月两者呈负相关关系，2000 年 1 月—2007 年 8 月我国股市收益率与通货膨胀率之间呈正相关关系，并认为两者相关关系为正或者为负都是合理的，这主要跟通胀率上升压力是来自于需求冲击还是供给冲击有关。这一研究结果也在一定程度上显示，股市与通货膨胀率的关系也存在结构性变化。

2.4 油价变化对股票市场的冲击影响证据

虽然对油价冲击与股票市场关联性的研究，相对于油价对宏观经济的冲击研究而言比较有限，但也不断得到了学者的研究与探讨。从研究所关注的重点来看，早期研究主要是探讨油价冲击对发达国家股票市场的影响效应。当然，这也与发达国家金融市场的发展程度有一定的关系。随着近年来发展中国家，尤其是以中国为首的新兴经济体经济与金融市场的快速发展，相关研究也开始关注油价对发展中国家股市的影响。本节主要就有关油价冲击与发达国家股票市场和发展中国家股市关系的实证研究文献，进行相应的回顾与总结。

2.4.1 油价冲击与发达国家股市关系

琼斯和考尔（Jones & Kaul，1996）是较早对油价冲击与股市关系进行研究的文献之一，文章采用季度数据，分析了第二次世界大战之后油价冲击对美国、加拿大、日本和英国股市的影响。作者尝试检验油价变化是否会改变当前与未来预期现金流，从而影响股票市场，最终发现这一效应存在于美国与加拿大市场，但对日本和英国而言不存在，其研究结果在一定程度上表明，油价冲击对股市存在影响。同一时期，黄等（1996）借助于 VAR 模型和格兰杰因果关系检验，研究了原油期货日收益率与美国股票市场收益两者之间的关系，发现在 20 世纪 80 年代期间，石油期货价格波动仅对单个石油公司股票存在影响，而对 S&P 500 等股指不存在显著影响。

在上述两篇文章的研究基础上，学术界对油价与股市间关系的争论和探讨开始增多。较多的学者研究发现，石油价格冲击对发达国家股票市场存在显著的影响，并存在着结构性变化与非对称性效应。如萨多斯基（Sadorsky，1999）采用 VAR 模型，研究了 1947 年 1 月—1996 年 6 月油价变化对美国股票收益的影响，认为无论是油价还是其波动率都对股市存在重要影响，并且在 1986 年之后油价冲击对股市的影响加剧。吉内尔（Ciner，2001）通过因果关系检验手段，也同样考察了油价与美国股市间的关系。与以往研究不同的是，吉内尔考虑了两者之间可能存在的非线性关系，并证实了非线性相关关系的存在。基于无约束的向量自回归模型（VAR），在模型设置中考虑了线性与非线性两种情况下，帕克和拉蒂（Park & Ratti，2008）探讨了 1986—2005 年油价冲击对美国及 13 个欧洲国家股市的影响，研究发现油价冲击对当月以及滞后一个月的股市收益存在显著地影响，但对欧洲石油进口国而言并不显著存在油价对股市冲击的非对称性问题；研究还发现对石油净进口国挪威而言，存在油价冲击对股市的显著正向冲击，不同于油价上涨对其他石油进口国的影响。帕帕皮特洛（Papapetrou，2001）发现油价是解释希腊股票价格变化的重要因素之一，油价冲击对股票实际收益存在负向影响。

也有少数学者的研究结果表明，油价变化对股市的影响幅度较小或不显著。如阿普吉斯和米勒（Apergis & Miller，2009）通过分析 8 个发达国家的股市与油价关系，发现虽然存在显著地从石油到股市的影响，但幅度相对较小。米勒和拉蒂（Miller & Ratti，2009）分析了原油价格与 6 个 OECD 国家股市间的长期关系，研究认为，在 1999 年之前，油价冲击对股市存在显著负向影响，但这一影响效应在 1999 年之后不再存在。米勒和拉蒂的这一发现也说明，在油价冲击与股市的关系中可能存在结构性变化。

除了国家层面的研究外，一些学者从企业与行业层面探究了发达国家股票与油价冲击的关系。从这一类研究的整体情况上来看，油价冲击对石油公司和油气行业股票存在显著的正向关系；而针对扩展后的行业股票而言，油价冲击对不同行业的影响存在差异。具体地，穆德哈和古德温（Al‑Mudhaf & Goodwin（1993）从公司层面，研究了在纽约股票交易所上市的 29 家石油公司股票收益情况，发现油价冲击对那些有大量资产在国内从事石油生产的企业，存在正向影响。法夫和布雷斯福德（Faff & Brailsford，1999）研究了 1983—1996 年石油价格与澳大利亚不同行业股票之间的关系，发现油价冲击对不同行业股票收益的影响存在差异，其中对能源相关类企业股票存在着正向影响，对造纸与包装业、银行和仓储运输业影响为负。萨多斯基在其 2001 年与 2003 年的两篇文章中，分别探讨了油价变化对加拿大和美国行业层面股票的影响；研究发现，油价冲击对加拿大油气行业股票收益存在显著影响；对美国市场而言，油价变化对 1986—1999 年科技股价格存在显著相关性。埃尔沙里夫等（El - Sharif et al.，2005）以英国油气行业为研究对象，发现油价上升引起油气部门股票指数显著上涨，而非油气行业与石油价格之间的关联性很小。博伊尔和菲林（Boyer & Filion，2007）借助于多因子框架，分析了加拿大油气行业股票收益情况，认为油气价格上涨对能源股票收益存在正向影响。亨利克斯和萨多斯基（Henriques & Sadorsky，2008）建立了一个四变量向量自回归模型，基于 2001 年 1 月至 2007 年 5 月的数据，研究了油价与非石油类能源股、科技股以及利率间的关系，发现油价是其他能源股价格变化的格兰杰原因。南达和法夫（Nandha & Faff，2008）研究了油价与 35 个全球行业股票的短期关系，发现油价上涨对大多行业存在负向影响，但对采掘业和油气行业股票不存在显著影响。南达和布鲁克斯（Nandha & Brooks，2009）分析了 38 个国家交通运输业股票与油价的关系，发现油价对发达经济体的股票收益存在负向冲击，但对亚洲和拉丁美洲股价股票不存在显著影响。阿洛伊和杰玛兹（Aloui & Jammazi，2009）采用两状态的马尔科夫转移指数广义自回归条件异方差（Exponential Generalized Auto Regressive Conditional Heteroscedasticity，EGARCH）模型，对 1987—2007 年原油价格冲击与股票市场的关系进行了分析，发现 WTI 和 Brent 油价变量对美国、法国和日本的股市实际收益波动率和状态转移有重要影响。阿鲁里（Arouri，2011）发现油价对欧洲股市的多个行业存在显著的影响，如食品饮料行业、金融业、油气行业等，并且各行业股票对油价冲击的响应差异较大；作者还发现，油价对欧洲行业股票的冲击具有非对称性。

在最近的几篇研究中，纳法尔和阿尔 - 多海曼（Naifar & Al Dohaiman，2013）采用马尔科夫转换模型，在危机状况和非危机状态两种情况

下，分析了油价冲击对海湾合作委员会（Gulf Cooperation Council，GCC）
国家股票市场收益的影响，并分析了次贷危机之前和之后两个阶段内，油
价与利率、通货膨胀率之间的非线性关系；发现，GCC 股票市场收益与欧
派克石油市场波动率之间存在状态依赖关系；金融危机期间，通货膨胀率
与油价、短期利率和油价之间均存在非对称关系。莫亚 - 马丁内斯等
（Moya - Martínez et al.，2014）从行业视角探讨了油价冲击对西班牙股市
的影响，文章以 1993—2010 年的数据为研究样本，在研究中充分考虑了
油价变化与行业股指收益之间可能存在的内生性结构变化问题，实证结果
显示：虽然油价冲击对西班牙不同行业股票影响存在差异性，但油价的影
响效应有限。

此外，在假设股票市场收益对来自不同类型油价冲击反应方式不同的
情况下，基利安和帕克（2009）研究发现石油供给冲击和需求冲击能够
解释美国实际股票市场收益长期变化的 20%；研究认为引起油价上涨的
原因不同，其冲击对股票收益的影响也有很大不同：原油生产冲击对股价
的影响重要性远低于全球总需求冲击和石油预防性需求冲击对股市的影
响。文章还发现，未预期到的全球经济扩张而导致的石油价格上涨，对股
票收益存在持续的正向影响。阿皮尔和米勒（Apergis & Miller，2009）借
鉴基利安（2009）的分析方法，将石油价格冲击区分为石油供给冲击、
全球总需求冲击和特殊需求冲击，研究了这些不同的石油价格冲击对澳大
利亚、加拿大、法国、德国、意大利、日本和英国、美国 8 个国家股票市
场收益的影响，发现三种冲击对股市收益变化影响有所差别，三种冲击都
具有显著的解释力，但影响幅度较小。古普塔与莫迪斯（Gupta & Modise，
2013）研究了 1973 年 1 月—2011 年 7 月，不同石油价格冲击与南非股票
市场之间的动态关系，研究结果表明，对南非这样的石油出口国而言，当
全球经济表现较好时，该国的股票收益会随着油价上升而上升，在面临石
油供给冲击和投机性需求冲击时，股票市场收益与油价变化呈反方向变化
关系；研究认为由于不同类型的石油价格冲击对股票收益的影响不同，因
此对政策制定者和投资者而言，在制定政策和做出投资决策时，应该考虑

石油价格冲击类型。王等（Wang，Wu & Yang，2013）采用结构 VAR 模型，分别研究了石油进口国和石油出口国股市收益对国际石油价格冲击的响应情况，发现股市对来自石油市场冲击的响应程度、方向和持续时间等与该国是石油净进口国或者净出口国身份有关，并且与油价冲击来源于供给因素还是总需求因素有关。随后，库纳多和德格拉西亚（Cunado & de Gracia，2014）借助于 1973 年 2 月至 2011 年 12 月的数据，采用向量自回归模型和向量误差纠正模型（Vector Error Correction Model，VECM），探讨了欧洲 12 个石油进口国其股票价格收益对石油价格冲击的响应情况。作者将油价冲击区分为供给冲击和需求冲击，研究发现，在文章所研究的大多数欧洲国家，油价冲击对股市存在显著的负向影响关系；同时，面对来自需求和供给不同原因所带来的油价冲击，这些欧洲国家股市有着不一样的反应，供给冲击引起的石油价格变化对股市收益的影响程度和范围更大。

结合以上文献研究不难发现，国际石油价格冲击对发达国家股票市场的研究已经比较全面和多样化。虽然结果上存在一定的差异，但油价冲击对整体股市和油气行业及其他不同行业股市的影响，已经基本达成共识。

2.4.2　油价冲击与发展中国家股市关系

与较多关于发达国家股市研究不同的是，油价冲击对发展中国家和新兴市场股市冲击效应研究起步较晚，基本上是在近十年内才逐渐兴起，在研究结论上也存在较多争议。一些学者认为油价冲击对发展中国家股市不存在显著影响，而一些学者研究发现两者存在相关关系。就支持两者存在相关性结论的研究而言，基本认为油价变化对发展中国家股市影响方向为正，显著不同于其对发达国家股市的冲击效应。

马格海雷（Maghyereh，2004）是较早关注发展中国油价与股市关系的学者之一。采用 VAR 模型和 1998 年 1 月至 2004 年 4 月的日数据，作者分析了油价冲击对 22 个新兴国家股市的影响情况，研究发现油价对这

些国家的股市收益不存在显著影响。哈穆德和埃莉莎（Hammoudeh &
Eleisa，2004）分析了海湾合作委员会中 5 个成员国（巴林、科威特、阿
曼、沙特阿拉伯和阿拉伯联合酋长国）股市与石油价格冲击的关系，发现
油价仅与沙特阿拉伯股市存在关联。巴希尔和萨多尔斯基（Basher & Sa-
dorsky，2006）研究认为，油价作为一种风险因子，对很多发展中国家股
市存在显著影响。哈穆德和李（Hammoudeh & Li，2008）发现，一些重
要事件，如 1997 年亚洲金融危机、2000 年欧派克对油价区间的限制等，
对阿拉伯地区股市存在影响。麦西哈等（Masih et al.，2011）采用 VECM
模型，就韩国的情况进行了研究，认为油价及其波动率对韩国股市存在显
著影响。采用 2000 年 1 月至 2012 年 3 月的日数据，朱和李等（Zhu & Li
et al.，2014）研究了原油价格与 10 个亚太地区国家股市的动态相互关
系，发现油价与这些国家的股票收益之间存在正相关关系，并且这种相关
性在金融危机之前很弱，危机之后显著增强。达格和哈里里（Dagher &
Hariri，2013）基于 VAR 模型，分析了石油价格与黎巴嫩股票市场之间的
动态关联性，发现存在从石油价格到股市的单向格兰杰因果关系，脉冲响
应函数结果显示所有股票对油价冲击的响应方式比较相似——股票对油价
冲击的响应方向为正，但幅度相对有限。

　　就油价冲击与我国股市的关系研究而言，虽然大量文献中都提到中国
经济快速发展所引起的石油需求上升已成为引致国际油价变化不可忽视的
影响，但有关国际石油价格与中国股市间联系的实证研究并不多。已有文
献中，从荣刚等（Cong et al.，2008）采用 VAR 模型从沪深两市股指、不
同行业指数、单个石油公司等层面对油价与我国股市的关系进行探讨，发
现油价冲击不影响上证与深证指数，对大多数行业股指也不存在影响，油
价变化仅对石油相关类公司股票存在显著影响。金洪飞、金荦（2008）
和姬强、范英（2010）以中美两国对比的方式考察了石油价格与我国股
市的关系，前者发现油价变化率与上证综指收益率间不存在任何关系，后
者则认为两者存在协动关系。张和陈（Zhang & Chen，2011）分析了油价
冲击对中国股市的影响，认为我国股市仅与预期到的国际石油价格波动率

有关；发现石油价格对中国股市收益率的影响效应为同向，但效应较小。李等（Li et al.，2012）立足于行业视角，采用 2001 年 7 月至 2010 年 11 月数据，借助于考虑多重结构性变化后的面板协整模型和格兰杰因果关系检验，分析了油价冲击与我国股市关系。研究发现，油价与中国股市关系中存在结构性变化问题；从长期来看，实际油价对我国行业股票存在正向影响。

通过对比可以发现，在上述这些研究中，无论是从短期还是长期关系出发，油价冲击对我国股市的影响效应都存在争议。国际石油价格变化对中国股票市场的影响研究还远远不足。尤其是，油价冲击度不同行业股票的影响是否存在差异？油价冲击能否通过宏观经济变量等渠道影响我国股票价格？油价供给冲击和需求冲击对股市的影响是否存在差异？这些问题都有待通过进一步的拓展研究进行回答。

第 3 章

油价变化对中国能源相关类
股票的影响分析

3.1 引言

中国作为全球第二大经济体和第二大股票市场，吸引了越来越多的学者对我国经济问题的关注与探讨。发生在 2008 年的金融危机对全球经济造成了重创，并由此向我们展示了国际金融体系在当今环境下的脆弱性，也使我们意识到全球化背景下国际平衡的快速变化。全球化进程使得不同国家与地区之间的关联增加，形成一种相互影响和依赖的关系，而这种越来越密切的国际关联，不仅仅是体现在国际贸易上，不同国家在金融市场、自然资源市场以及政府的政策选择等方面，也呈现出国际依赖的特征，与其他国家和社会有着千丝万缕的联系。

从当前情况来看，中国与国际能源市场的关系日益密切。经过过去20 多年的快速发展，中国能源需求大幅增加。数据显示，我国于 2003 年超过日本，成为全球仅次于美国的第二大石油消费国，在 2008 年，全国石油消费总量中已经有超过 50% 的比例依赖进口。从未来情况来看，随着工业化、城市化进程的继续，以及居民消费模式的转变，中国对进口石油的依赖度将继续增加。李和梁（Li & Leung, 2011）在其研究中指出，中国作为国际石油市场较为活跃的参与者，国内油价不仅在长期内与国际主要石油价格之间存在关联，而且短期两者之间也存在双向关系。这意味着国际石油价格变化能够对我国国内石油价格造成影响，甚至可能通过引发能源替代等效应，波及国内其他能源品种的价格，如煤炭等。如果综合考虑油价冲击对宏观经济影响的各种渠道，也意味着国际石油价格变动能够对我国经济体造成影响，国际油价冲击对中国未来经济发展的潜在影响不容小觑。

除了实体经济，以股票市场为代表的虚拟经济健康稳定发展，同样具有重要作用。作为全球第二大股票市场和最大的新兴股票市场，中国股市近年来发展迅速。目前股票市值更是已位居世界前列。中国股市的国际化水平也不断被提高，在世界范围内受到的关注度不断增加。如何防范股票市场大幅波动、维持股市健康、稳定、持续发展是我国资本市场监管者的关注重点。从投资者角度而言，了解我国股市运行规律，理解一些重要的外生冲击对股市的影响效应，有助于更好地构造投资组合、分散风险。

自 20 世纪 70 年代以来，历次的石油危机以及伴随其出现的经济衰退，吸引了大批学者对油价冲击与宏观经济关系的研究。如今国际石油价格冲击已经成为重要宏观经济影响因素之一，并且油价冲击对金融市场，尤其是股票市场的影响效应，也得到学术界的关注与研究。直观上来看，如果国际石油价格变化对一国宏观经济存在显著大幅冲击，作为宏观经济晴雨表的股市则难以独善其身。更具体地，从资产定价的角度来看，油价冲击也是有可能影响股票市场表现的：在直接影响上，那些把石油作为投入要素的企业，在油价上涨时生产成本被推高，如果企业无法完全将增加了的成本转移给消费者或投资者，企业预期利润无疑会下降；在间接影响上，国际石油价格上涨所引起的通货膨胀压力有可能导致中央银行提高利率，收缩货币政策，从而波及股价贴现因子。

虽然众多研究表明，国际原油价格冲击对发达国家整体股票市场和石油公司、油气等行业股票存在显著的影响，然而油价冲击对发展中国家的影响如何还存在争议，其中针对我国股市的研究还较少。从荣刚等

（2008）研究发现国际原油价格变化对石油相关类公司的股票存在显著影响，这也与直观上所理解的石油相关类企业更容易受到油价变动影响相一致。如果进一步地将股票类型扩展至能源相关类行业，油价冲击对其影响如何？从能源价格变化可能对能源需求和供给造成的影响角度来看，石油价格变化不仅仅会影响石油相关类公司，其还可能从投资和需求两个角度对电力、煤炭、新能源等其他类型的能源公司造成影响。比如油价上涨可能引发能源替代，在需求与投资上双重拉动其他类型能源公司的发展。此外，为了保证国内能源安全，在国际石油油价波动剧烈且越发成为常态的情况下，可能引发政策制定者增加对石油之外其他能源类型，如新能源发展的支持。这意味着国际石油价格存在对我国能源类股票冲击的可能，并可能对不同类型能源股价格变化的影响有所差异。

在本书的分析中，我们以与油价存在直接关联的能源类股票为出发点，在分析中包含但不局限于石油公司和油气行业股票，从而对国际石油价格冲击与我国股市的关系进行探讨。具体地，我们筛选出石油、天然气、电力、煤炭和新能源等股票，通过构造投资组合，分别探讨了国际石油价格变化对我国全部能源类行业股票收益和不同类型能源股收益的影响。本书还考虑了油价与股市关系中可能存在的结构性变化问题，以确保实证分析结果的准确性。

本章余下部分的结构安排具体如下：第 2 节是有关数据来源和变量统计观察结果的介绍与描述，第 3 节介绍了本章研究所用到的主要计量方法，第 4 节是实证分析结果与分析，最后第 5 节给出了本章研究的主要结论。

3.2　数据与初步统计观察

3.2.1　变量及数据来源

分析选用的是 2000—2011 年的周数据。研究区间从 2000 年开始，主要是考虑到我国 1999 年证券法正式生效，在这一时期后我国股市发展才逐步进入正轨。选择采用周数据主要是因为，月数据可能会屏蔽到一些有用的市场信息，而更高频率日数据又可能包含太多"市场噪音"。在阿鲁里（Arouri, 2011）等研究中，作者也选用了周数据。参考从荣刚等（2008）的研究，我们选取用欧洲布伦特原油价格作为国际石油价格衡量指标，数据来源与美国能源信息署网站（Energy Information Administration, EIA）。进一步对能源价格序列进行对数差分变化，可得到石油价格变化率序列。中国股票市场数据则来源于锐思（Resset）金融研究数据库。

在能源类股票的定义上，本书主要考虑了与我国五种主要能源类型关系比较密切的上市公司股票，这五种能源类型分别为：电力、煤炭、石油、天然气和新能源。在能源股的具体选择上，我们主要是结合我国证监会 2001 年行业分类标准和新浪财经的行业分类标准，从沪深两市的上市公司股票中挑选出属于石油行业、煤炭行业、电力行业和天然气、新能源行业的股票。为了对所选择出的股票类型进行确认，在初步选出各种类型的股票后，我们还逐一对其所对应的上市公司主营业务进行了仔细的检查，剔除非能源相关类股票。

从所选出来的股票整体情况来看，在本研究区间内我国能源类相关股票增长迅速。比如，2000 年时大概只有 11 家与油气相关的公司，到 2011年增加到 31 家，增加了近两倍。全部与以上五种主要能源相关的公司股票则由 2000 年的 58 个增加到了 122 个。这些股票在不同能源类型间的具体分布情况如表 3.1 所示。

表 3.1　　　　　　　　　　能源相关类股票信息

股票类别	公司数量		注释
	2000 年	2011 年	
能源相关股	58	122	包含分类别中全部股票
油气股	11	31	石油行业、天然气行业股票

股票类别	公司数量		注释
	2000 年	2011 年	
煤炭、电力	46	90	煤炭采掘、生产、供应类和电力行业股票
新能源	11	15	新能源股票

注：每个类别中的股票数量随着时间而变化，这里仅给出公司数区间值；一些公司的经营活动同时涉及一个以上不同能源类型，在分类中我们以其主营业务为准。

在选择出具体股票后，根据代码可以从数据库中搜索到其相对应的、不同时间段的股价数据。采用等权重加权方式，进一步计算得到不同类别能源股及全部能源类股票的指数及收益。[①] 在研究背景介绍中，我们已经详细说明了布伦特原油价格的走势，并给出了图示，这里不再赘述。

在本研究中我们还用到了 Fama - French 三因子，分别为市值因子（HML）、账面市值比因子（SMB）和市场资产组合因子（RM）。三因子数据也来自 RESSET 金融研究数据库，其对变量的构造按照标准行业定义进行。分析中所涉及的关键变量表示方式如下所示：

O_t 欧洲布伦特油价变化率

$R_{e,t}$ 能源相关股指数收益率

$R_{mkt,t}$ 市场资产组合

SMB_t 账面市值比因子

HML_t 市值因子

3.2.2 主要变量统计描述

表3.2 给出了各变量的描述性统计情况。从第 2 列至第 5 列分别对应的是油价变化率、能源股投资组合收益率和市场资产组合、账面市值比、

---

① 当然这里也可以采用市值加权方式。但是，考虑到我国股票市场改革过程中存在非流通股解禁等因素，可能会对结果造成一定的影响。

市值等因子。统计结果显示，在所考察的研究区间内，布伦特石油价格的变化率均值为 0.0025，也即 0.25% ；我国能源类股指的收益率均值为 0.30% 。峰度检验结果显示，所有 5 个变量的值都大于 3，这表明各序列可能存在"厚尾"（Fat Tail）问题。基于此，我们对这些变量进行了自回归条件异方差检验（ARCH – LM），如表 3.2 最后两行所示，分别给出的是所对应各变量滞后 1 阶与 4 阶时的检验结果。ARCH 检验结果确认了这些序列存在异方差问题，因而需要在后续的分析中对这一问题进行考虑。

表 3.2　　　　　　　　　　　　　主要变量统计描述

变量	O_t	$R_{e,t}$	$R_{mkt,t}$	SMB_t	HML_t
均值	0.0025	0.0030	0.0005	– 0.0008	0.0001
中位数	0.0069	0.0022	0.0003	– 0.0001	0.0000
最大值	0.2002	0.1891	0.0992	0.0212	0.0188
最小值	– 0.2316	– 0.1705	– 0.0631	– 0.0289	– 0.0242
标准差	0.0453	0.0438	0.0159	0.0064	0.0051
偏度	– 0.6547	– 0.2794	0.2367	– 1.0885	– 0.3894
峰度	5.0831	5.4108	6.7919	6.1071	5.1490
ARCH（1）	7.4733 ***	6.7998 ***	0.2475	2.9798 *	1.4556
ARCH（4）	29.536 ***	35.476 ***	39.744 ***	5.9560 ***	18.315 ***

注：这里的 ARCH（P）LM 指标的原假设是所检测变量在滞后 P 阶时没有 ARCH 效应；*** 、 ** 和 * 分别表示在 1% 、5% 和 10% 的显著性水平。

为初步了解国际石油价格变化与我国能源类股指收益之间的关联性，这里首先借助于滚动窗口回归法（Rolling Windows Regression），对两者直接的相关性进行了检验。在具体检测中，分别选取了总样本的 1/5 和 1/3 观测值作为窗口规模，对应的窗口样本大小为 114 和 190。我们发现，2000 年至 2011 年 5 月期间，国际石油价格与中国能源股投资组合收益之间存在明显的时变关系。也即在不同时间段，两者的相关性发生了变化，不满足一般意义上的常数相关关系假设，尤其是在金融危机爆发之后的 2008 年中期，两变量序列之间的相关关系显著增加。这一结果意味着，有必要在动态模型设定情况下对两者的关系进行进一步检验，以提高分析结果的可靠性。

3.3　实证模型介绍

3.3.1　动态条件相关性模型

基于滚动窗口所估计得到的相关性结果，在本章分析中我们首先引入了由 Engle（2002）所提出的动态条件相关性模型（Dynamic Conditional Correlation，简称 DCC 模型）。该模型最典型的特征是打破了传统所认为的变量之间存在常相关性的假设。与简单的多元变量 GARCH 模型进行比较而言，DCC 模型具有更高的准确性，不仅显著优于移动平均等模型，而且能够有效地揭示出金融变量序列中其他方法难以刻画的重要时变特征。

作为一种研究动态关系的工具，由于可以有效提高分析结果的可靠性，DCC 模型近年来被逐渐用于宏观经济领域问题的研究中，并且在油价与股市关系的探讨中也不断得到采用。如基于 DCC 模型，常等（Chang et al.，2010）分析了原油价格与股指间的条件相关性以及两者间的溢出效应，菲利斯等（Filis et al.，2011）研究了石油进口国和出口国两类国家中股票价格与油价的时变相关性，姬强、范英（2010）探讨了次贷危机发生前后原油市场与中美股市间的协动关系。

在 DCC 模型设定中，假设原油和股票收益率序列等组成的向量 r_t 服从条件正态分布，即 $r_t | I_{t-1} \sim N(0, H_t)$，其中，$I_{t-1}$ 代表在时间 t 可得到的信息集，H_t 为条件协方差矩阵，并满足 $H_t = D_t R_t D_t$，D_t 由下式给出：

$$D_t = \left[\mathrm{diag}(\sqrt{h_t}) \right] \tag{3.1}$$

h_t 是由单变量 GARCH 模型估计出来的条件方差，其估计方程形式如下：

$$h_{it} = \omega_i + \sum_{k=1}^{p} \alpha_{ik} \varepsilon_{i,t-k}^2 + \sum_{l=1}^{q} \beta_{il} h_{i,t-1} \qquad (3.2)$$

R_t 为时变相关性矩阵：

$$R_t = \left[\operatorname{diag}(Q_t)^{-1/2} \right] Q_t \left[\operatorname{diag}(Q_t)^{-1/2} \right] \qquad (3.3)$$

Q_t 是对称的正定相关矩阵，具体计算公式为：

$$Q_t = (1 - a - b)s + a(z_{t-1}z'_{t-1}) + bQ_{t-1} \qquad (3.4)$$

其中，$z_t = D_t^{-1} r_t$ 为标准化残差，s 是 z_t 的无条件相关矩阵；a 和 b 是非负参数，满足 $a + b < 1$。

最后可得到两序列相关系数表达式为：

$$R_t \equiv \rho_{ij,t} = q_{ij,t} / \sqrt{q_{ii,t} q_{jj,t}}, \ i,\ j = 1,\ 2,\ \cdots,\ k \qquad (3.5)$$

按照式（3.1）至（3.5）中的设定，我们在这里首先测度了国际油价与我国能源股组合收益的关系。由于数据较多，主要以图示的方式给出 DCC 模型所得结果。如图 3.1 所示。DCC 模型分析结果显示油价变动与我国能源股收益之间存在明显的随时间而变化的关系，也同样说明采用常相关系数不能准确反映出两者之间的内在关系。从整个研究区间情况来看，油价与我国能源股之间存在正相关关系，并且相关系数存在明显的阶段特征：在 2008 年之前，国际原油价格收益与我国能源相关类股票投资组合收益之间的相关系数比较小、上下波动频繁，在某些时期还出现相关关系为负的情况；在 2008 年之后，两者关系有一个突变，相关系数高于之前所有阶段。

DCC 结果所得到的 2008 年之后这一阶段的油价与我国能源股特征跟滚动窗口估计结果比较一致。均显示出两者相关系数在 2008 年金融危机之后得到显著加强、变大。出现这一现象的原因之一可能是与我国的发展政策相关。众所周知，在 2008 年金融危机发生后，为了降低危机冲击、维持国内经济平稳发展，我国政府相应地出台了"四万亿"刺激计划，在危机期间起到了显著成效。尤其是为抵消危机期间因出口受创对经济造成的不利影响，我国政府部门对汽车行业和高铁建设等方面实施了激励措施。比如,2009 年就出台了对排气量在 1.61 升以下的汽车减免购置税。这些政策的实施加快了我国的能源需求,同时也导致我国资本市场更容易受到国际油价波动影响。

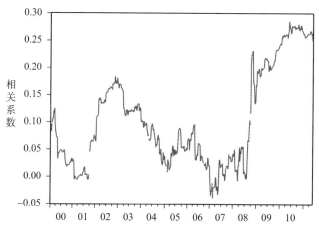

图 3.1　油价变化与能源股投资组合收益的动态条件相关性

3.3.2　CAPM 与三因子模型

在探讨油价冲击与能源股收益之间的关系时,除了了解两者之间是否相关外,另一个值得关注的问题就是,国际石油价格波动能在多大程度上对中国能源相关类股票组合收益率变化进行解释?也即油价动态变化对能源股的冲击幅度如何?回答这个问题最直接的方式就是,进行油价因子对股市收益的单变量回归分析,即基于下述模型进行实证检验:

$$R_{e,t} = \alpha + \gamma O_t + \varepsilon_t \tag{3.6}$$

简单二元回归可能会因为遗漏一些重要因素,而导致结果存在偏差。因此,在实证分析中,我们引入了在金融文献研究中常用到的资本资产定价模型和三因子模型。

在满足一系列假设条件下,标准的资本资产定价模型(Capital Asset Pricing Model,CAPM)可以表示为:

$$E(R_{it}) = R_{ft} + \beta_{i,m}(E(R_{mt}) - R_{ft}) \qquad (3.7)$$

在上式中，股票的预期回报率 $E(R_{it})$ 是由无风险利率 R_{ft} 和市场风险溢价 $(E(R_{mt}) - R_{ft})$ 以及 Beta 系数 $(\beta_{i,m})$ 所决定的。

除此之外，珐玛和弗伦希（Fama & French，1993）指出可以建立一个包含市场资产组合（$E(R_{mt}) - R_{ft}$）、市值因子 SMB 和账面市值比因子 HML 等所构成的均衡定价模型，来解释股票收益率。该模型在后续研究中得到大量学者的采用，被称之为三因子模型。用公式来表示就是：

$$E(R_{it}) = R_{ft} + \beta_{i,m}(E(R_{mt}) - R_{ft}) + \beta_{i,size}SMB_t + \beta_{i,b/m}HML_t \qquad (3.8)$$

在本文的回归分析中，我们在资本资产定价和三因子模型的基本思想指导下，对模型（3.6）进行扩展，分别得到市场模型（3.9）和三因子模型（3.10）：

$$R_{e,t} = \alpha + \gamma O_t + \beta_1 R_{mkt,t} + \varepsilon_t \qquad (3.9)$$

$$R_{e,t} = \alpha + \gamma O_t + \beta_1 R_{mkt,t} + \beta_2 SMB_t + \beta_3 HML_t + \varepsilon_t \qquad (3.10)$$

市场模型主要是在控制石油价格变动指标之后，增加了衡量市场系统风险的市场溢价因子。三因子模型则在市场模型的基础上进一步增加了市值和账面市值比两个因子。

3.3.3　结构性变化

在已有的有关油价冲击对我国经济股市影响研究中，虽然杜等（2010）发现 2002—2008 年，油价与我国宏观经济之间不存在结构性变化，但范和徐（Fan & Xu，2011）研究发现国际石油价格在 2008 年 6 月发生了结构性变化。从实际情况来看，2008 年金融危机的发生也很可能会对油价冲击与我国能源相关类股票收益关系产生影响。并且上文中滚动窗口法以及时变条件相关性模型分析结果也显现了两者关系存在时变特征，因此在本文分析中我们引入结构性变化检验，对两者关系的稳定性进行检测。

结构性变化检验模型，比较经典的是由邹至庄（Chow，1960）提出的邹氏检验（Chow test）。邹氏检验的基本思路是将全样本划分为两个子样本分别进行估计，然后对比两个分样本的参数，并基于标准 F 统计量进行判断。匡特（Quandt, 1960）在这一检验基础上，提出了考虑所有可能结构变化日期的估计方法。随后安德鲁斯（Andrews, 1993），安德鲁斯和普洛伯格（Andrews & Ploberger, 1994）和汉森（Hansen, 1997）等一系列研究提出采用 Sup_F、Exp_F 和 Ave_F 三个统计量对匡特（1960）进行估计，并提供了相应的临界值和计算 P 值的方法。本书中我们基于这三个统计量对是否存在结果性断点进行判断。

假设 F_n 是不存在结构变化情况下邹氏检验所得到的统计量，Andrews 等所提出的三个统计量分别可以定义如下：

$$Sup\_F_n = \sup_{k_1 \leqslant k \leqslant k_2} F_n(k) \tag{3.11}$$

$$Exp\_F_n = \ln\left(\frac{1}{k_2 - k_1 + 1} \sum_{t=k_1}^{k_2} \exp\left(\frac{1}{2} F_n(k)\right)\right) \tag{3.12}$$

$$Ave\_F_n = \frac{1}{k_2 - k_1 + 1} \sum_{t=k_1}^{k_2} F_n(k) \tag{3.13}$$

其中，K_1 和 K_2 分别为时间序列在开始和结束时的截点，K 是检验断点的期数。这一检验不仅适用于包含所有系数都受影响的结果性变化，也适用只有部分系数受影响的情况。

3.4　实证结果与分析

3.4.1　全样本估计结果

表 3.3 给出了单变量回归和市场模型、三因子模型的估计结果。考虑到上一节 DCC 模型分析结果显示存在时变关系，回归残差项 ε_t 很可能服从自回归条件异方差（ARCH）过程。以模型（3.6）为例，其残差项的

ARCH（1）LM 检验统计量为 4.43，并在 5% 水平上显著，拒绝了不存在 ARCH（1）效应的原假设，滞后更多项的检验结果也支持了这一结论。因此，在模型（3.6）模型（3.9）和模型（3.10）这三个基础回归之外，我们还假设三个模型残差项服从 GARCH（1，1）过程，对各模型同时进行了扩展分析。在表 3.3 的结果中，Model1、Model2、Model3 分别对应的是基础模型回归结果，Model1G、Model2G 和 Model3G 分别是考虑了 GARCH 效应后的三个模型对应的估计结果（下同）。

结果显示，在 6 个估计方程中，国际油价变化率系数均为正。三个基础模型回归中，油价对能源股的影响系数大约为 0.12，并且全部显著，但单变量模型（Model1）的解释力比较差，R 平方只有 0.015。控制残差项的 GARCH 效应后，油价的回归系数和显著性发生了较大变化：油价变量系数降低为基础模型中的一半，并且在仅考虑油价因素的单变量模型和 CAPM 市场模型中（Model1G 和 Model2G），这一变量的回归系数仅在 10% 水平上显著。由于基础模型与扩展后的模型存在差异，这里所得结果是否准确还有待确认。

表 3.3 全样本估计结果

变量	Oil		CAPM		There – Factor	
	模型 1	模型 1G	模型 2	模型 2G	模型 3	模型 3G
C	0.0030 (0.0018)	0.0008 (0.0014)	0.0020 (0.0016)	0.0010 (0.0014)	0.0040 ** (0.0016)	0.0020 (0.0014)
O_t	0.1200 *** (0.0394)	0.0530 * (0.0319)	0.1210 *** (0.0357)	0.0560 * (0.0305)	0.1200 *** (0.0345)	0.0640 ** (0.0303)
$M_{mkt,t}$			1.1630 *** (0.1020)	1.0990 *** (0.0820)	1.0300 *** (0.1022)	1.0080 *** (0.0810)
SMB					1.6750 *** (0.2580)	1.1580 *** (0.2134)

续表

变量	Oil		CAPM		There − Factor	
	模型 1	模型 1G	模型 2	模型 2G	模型 3	模型 3G
HML					− 0. 1670 (− 0. 3160)	− 0. 0430 (− 0. 2409)
R^2	0. 0150	0. 0080	0. 1930	0. 1870	0. 2530	0. 2420

注：模型 ModeliG 是在模型 Modeli（i = 1，2，3）的基础上，假设 Modeli 的回归残差序列服从 GARCH（1，1）过程下，进行的扩展回归；两者的均值方程表达式相同。GARCH 估计结果予以省略。***、** 和 * 分别表示在 1%、5%、10% 的显著性水平下拒绝系数估计值等于零的原假设。括号内为标准差。

3.4.2　结构稳定性检验

由于全样本回归结果中基础模型和扩展后的 GARCH 效应模型结果差异较大，这里我们对油价与能源股收益关系进行稳定性检验，考察是否存在结构性变化。检验结果如表 3.4 所示。这里对三种模型设定均进行了检验，并分别给出了结构性变化检验的三个统计量结果。单变量模型 Model1、市场模型 Model2 和三因子模型 Model3 检验结果均显示，存在结构性变化问题。关于结构断点发生的时间，三个模型的检验结果并不完全一致，不过模型 Model1 和 Model3 的检测结果均表明，结构变化发生在 2008 年。考虑到表 3.3 的回归结果显示的模型 1 解释力有限，这里主要以模型 3 的结果为准，认为结构性变化发生在 2008 年 3 月 21 日。这也与范和徐（2011）所发现的国际石油市场在 2008 年 6 月 13 日发生结构变化，基本一致。并且结合我国上证综指和深圳成指表现来看，我国股市在 2007 年 10 月达到最高点之后就开始发生大幅下跌，因此在三个时间点中选择 2008 年 3 月是较为合适的。

表 3.4 结构性断点检验结果

统计量	数值	模型 1	模型 2	模型 3
SUP_F	统计量	12.1800	12.0500	15.1600
	P 值	0.0100	0.0100	0.0020
	结构断点	2008/8/01	2007/8/31	2008/3/21
EXP_F	统计量	3.3570	3.8270	5.0870
	P 值	0.0090	0.0050	0.0004
AVE_F	统计量	4.7510	5.5810	7.0650
	P 值	0.0100	0.0040	0.0005

注：在检验过程中，这里假设油价变量系数发生结构变化；P 值参照 Hansen's（1997）中的方法计算所得。

在结果性断点确认后，以 2008 年 3 月 21 日为分界线，我们将全样本划分为子样本 1 和子样本 2，分别进行 CAPM 和三因子模型回归。结果如表 3.5 所示。划分之后的子样本回归结果显示，在子样本 1 中，油价变化率与我国能源股投资组合收益率之间不存在显著的相关关系。但是在危机发生后的样本 2 中，油价冲击对能源股收益存在非常显著的正向影响效应，并且无论在哪一种模型设定中，油价变量的回归系数均达到了 0.27 以上，这意味着，国际石油价格变化 1%，会引起我国能源股投资组合收益率至少变化 0.27%，远远大于全样本回归得到的结果。在子样本 2 中，基本市场模型 Model2、三因子模型 Model3 的结果分别与扩展后的模型 Model2G、Model3G 所得到的结果都非常相近，显示在这一阶段内国际石油价格变化 1%，会引起我国能源相关类股票投资组合收益同向变化 0.3% 左右。油价对能源股的这一冲击幅度与萨多斯基（2001）针对加拿大股市分析所得到的结果较为一致。我们认为，出现油价变化与我国能源股收益正相关这一结果可能的原因是：一方面，与石油相关的公司能够从油价上涨中获得收益；另一方面，对其他类型的能源公司而言，在受到油价上涨冲击时，其寻找石油替代品的动力可能增加、从而增加投资活动。

表 3.5

子样本估计结果

变量	子样本 1				子样本 2			
	CAPM		There – Factor		CAPM		There – Factor	
	Model2	Model2G	Model3	Model3G	Model2	Model2G	Model3	Model3G
C	0.0030** (0.0017)	0.0010 (0.0015)	0.0050*** (0.0016)	0.0020 (0.0016)	−0.0004 (0.0038)	0.0008 (0.0033)	0.0007 (0.0038)	0.0020 (0.0032)
O_t	0.0360 (0.0393)	0.0130 (0.0330)	0.0250 (0.0375)	0.0180 (0.0340)	0.2750*** (0.0743)	0.3000*** (0.0847)	0.2900*** (0.0726)	0.3190*** (0.0787)
$M_{mkt,t}$	1.1620*** (0.1228)	1.0760*** (0.0924)	0.9990*** (0.1225)	0.9760*** (0.0921)	1.1580*** (0.1857)	1.0720*** (0.0041)	1.0560*** (0.1871)	0.9360*** (0.1943)
SMB			1.8170*** (0.2789)	1.2890*** (0.2563)			1.4680*** (0.5802)	1.8670*** (0.5167)
HML			−0.0760 (0.3347)	−0.0220 (0.2917)			−0.4860 (−0.7419)	1.0100* (0.6124)
R^2	0.1750	0.1690	0.2520	0.2420	0.2470	0.2450	0.2950	0.2750

注：这里的模型设定与全样本回归中的设定相同；样本分界点为 2008 年 3 月 21 日；由于解释力较弱，模型 Model1 和 Model1G 被省略。***、
** 和 * 分别表示在 1%、5%、10% 的显著性水平下拒绝系数估计值等于零的原假设。括号内为标准差。

3.4.3 基于分类能源指数的检验

上述分析中，5 种能源类型股票被整合在了同一个投资组合中。由于本书中所考虑的五种能源类型与石油的关系不同，那么根据能源类型进行划分后，国际油价变动与我国能源股之间的关系是否还存在？油价冲击对不同类别能源股的影响是否存在差异呢？本小节将采用与全样本相同的分析框架，对这两个问题进行实证检验。

依据能源类型，所有能源股被分为了油气股、煤炭电力股和新能源等三种类型，并构造投资组合收益。表 3.6 的 A、B、C 三个部分，分别给出了对三种分类投资组合指数收益率进行回归的估计结果。各部分回归又被分别划分为子样本 1 和子样本 2 进行。可以发现，无论是对油气股组合收益率、煤炭电力股组合收益率还是新能源股票投资收益率的回归分析，结果都显示，在子样本 1 中，也即危机发生之前，国际石油价格变化率对我国各类型能源股收益不存在显著的影响，这也与上一小节中对所有能源股组合收益的分析结果相一致。而在危机发生后子样本 2 中，油价变化率对油气股、电力煤炭股和新能源股都存在显著的正向影响。

具体来看，在 A 部分的子样本 2 中，油价指标 O_1 的系数值与全部能源股在子样本 2 中的回归结果较为相近，但也存在一些差别。这里所得系数值在基础回归模型中略小于全部能源股中的系数值，考虑异方差问题后，油价因子系数稍大于全部能源股中对应的结果，也即这里基础 CAPM 和三因子模型所得结果与 GARCH 效应扩展后模型结果差异略大，这可能因为在油气股回归中，潜在的异方差问题对回归结果影响更大。

在 B 部分对电力煤炭股的回归分析中，子样本 2 所得结果显示，油价因子对股票收益率的影响系数值均达到了 0.34 以上，大于油气股和全部能源股回归中该变量的系数值。并且在市场模型和 GARCH 效应扩展市场模型以及三因子模型和 GARCH 效应扩展后的三因子模型中，油价因子的估计结果基本保持一致。从煤炭电力与石油的能源特征上来看，两者之间

表 3.6　分类指数分样本回归结果

变量		子样本 1				子样本 2			
		Model2	Model2G	Model3	Model3G	Model2	Model2G	Model3	Model3G
PART A：油气股	C	0.0040 ** (0.0017)	0.0007 (0.0015)	0.0050 *** (0.0017)	0.0020 (0.0016)	− 0.0009 (0.0038)	0.0009 (0.0037)	0.0005 (0.0037)	0.0020 *** (0.0001)
	O_t	0.0390 (0.0403)	0.0200 (0.0328)	0.0280 (0.0384)	0.0220 (0.0329)	0.2490 *** (0.0744)	0.3110 *** (0.0935)	0.2660 *** (0.0723)	0.3340 *** (0.0415)
	$M_{mkt,t}$	1.0540 *** (0.1259)	0.9730 *** (0.1024)	0.8740 *** (0.1255)	0.8360 *** (0.0987)	1.0920 *** (0.1859)	0.9230 *** (0.2317)	0.9710 *** (0.1864)	0.7680 *** (0.2067)
	SMB			1.9070 *** (0.2856)	1.4400 *** (0.2668)			1.6890 *** (0.5781)	2.2310 *** (0.4843)
	HML			0.0510 (0.3428)	0.1040 (0.2875)			− 0.2610 (0.7392)	1.0000 (0.6416)
	R^2	0.1420	0.1360	0.2250	0.2150	0.2220	0.2140	0.2780	0.2590
PART B：煤炭、电力股	C	0.0030 * (0.0017)	0.0010 (0.0015)	0.0050 *** (0.0017)	0.0030 (0.0016)	− 0.0003 (0.0041)	− 0.0001 (0.0002)	0.0005 (0.0041)	0.0003 *** (0.0000)
	O_t	0.0390 (0.0404)	0.0110 (0.0340)	0.0270 (0.0387)	0.0160 (0.0353)	0.3460 *** (0.0810)	0.3540 *** (0.0909)	0.3570 *** (0.0800)	0.3730 *** (0.0090)
	$M_{mkt,t}$	1.1800 *** (0.1263)	1.1130 *** (0.0984)	1.0240 *** (0.1264)	1.0210 *** (0.0988)	1.2520 *** (0.2025)	1.1880 *** (0.2235)	1.1800 *** (0.2064)	1.0800 *** (0.2257)

续表

变量		子样本1				子样本2			
		Model2	Model2G	Model3	Model3G	Model2	Model2G	Model3	Model3G
PART B：煤炭、电力股	SMB			1.8080 *** (0.2877)	1.2400 *** (0.2582)			1.1200 *** (0.6399)	1.1730 ** (0.6087)
	HML			-0.1700 (0.3452)	-0.0990 (0.2970)			-0.7610 (0.8183)	0.4000 (0.6390)
	R^2	0.1710	0.1660	0.2450	0.2340	0.2610	0.2600	0.2920	0.2800
	C	0.0040 ** (0.0018)	0.0010 (0.0015)	0.0050 *** (0.0017)	0.0020 (0.0015)	-0.0021 (0.0037)	0.0004 (0.0001)	-0.0008 (0.0036)	0.0017 *** (0.0000)
	O_t	0.0390 (0.041)	0.0280 (0.0326)	0.0290 (0.0396)	0.0300 (0.0335)	0.2090 *** (0.0724)	0.2390 *** (0.0789)	0.2250 *** (0.0704)	0.2550 *** (0.0707)
	$M_{mkt,t}$	1.2450 *** (0.1276)	1.0400 *** (0.0961)	1.1070 *** (0.1294)	0.9470 *** (0.0969)	1.0590 *** (0.1809)	1.0100 *** (0.1838)	0.9450 *** (0.1815)	0.8750 *** (0.1767)
PART C：新能源	SMB			1.5590 *** (0.2945)	0.9830 *** (0.264)			1.6030 *** (0.5628)	2.0890 *** (0.4192)
	HML			-0.0860 (0.3534)	0.0160 (0.3089)			-0.3340 (0.7197)	0.9170 (0.562)
	R^2	0.1840	0.1740	0.2360	0.2200	0.2100	0.2060	0.2660	0.2510

注：模型设定与全样本回归中的设定相同；样本分界点为 2008 年 3 月 21 日；模型 M1 和 M1 - G 子省略。***、** 和 * 分别表示在 1%、5%、10% 的显著性水平下拒绝系数估计值等于零的原假设。括号内为标准差。

存在一定的替代性。结合能源消费结构情况来看，这意味着虽然在我国石油消费占比远低于煤炭等传统能源，但油价冲击可能会在一定程度对我国能源结构配置产生影响，至少在股票市场存在这一效应。

在针对新能源股票收益的回归中（C 部分），子样本 2 的结果显示，油价冲击对新能源股票投资组合收益的冲击幅度为 0.22 左右，低于对油气股和煤炭电力股投资组合收益的冲击程度。这可能是因为，与煤炭电力相对较为传统和成熟的能源类型企业相比，新能源公司在技术层面比传统能源行业要求更高，投资成本更大，因而在面临国际石油价格上涨冲击时，其扩大投资的能力有限，使得新能源类股票收益对油价冲击的响应幅度减弱。综合来看，这里分类之后的回归结果显示，油价冲击不仅会对我国非石油能源行业股市造成影响，而且还可能通过能源之间的需求替代和投资驱动等，对我国电力煤炭和新能源等股票价格产生影响。

3.5 本章小结

在本章的分析中，我们立足于国际化全球化背景，将国际能源市场与全球最大新兴经济体的资本市场予以结合，探讨了原油价格冲击对中国能源相关类股票收益的影响效应。不同于已有研究中以整体股票市场作为考察对象，或仅考虑油价冲击对单个石油公司或油气行业股票的影响效应，本书以能源相关类股票作为油价变动可能影响的对象，综合考虑了石油、天然气、煤炭、电力和新能源类股票对国际油价冲击的响应情况。

本章在分析中不仅采用滚动窗口回归和 DCC 模型考察了油价冲击与我国股市之间的时变关系，还引入结构性变化，对油价与股市关系的稳定性进行了检验。发现，以欧洲布伦特原油为代表的国际石油价格与中国能源相关类股票投资组合收益之间相关系数具有时变特征，而且两者关系在2008 年发生了突变。2008 年之前国家油价与我国能源股收益之间相关性较低且不稳定，2008 年之后两者的条件相关系数大幅增加。反映了中国股票投资者，尤其是能源股的投资者，在2008年金融危机发生之后，对国际石油市场的价格波动更为敏感。

在假设油价变化是影响能源股收益的系统风险情况下，本章基于油价单变量模型、CAPM模型和Fama-French三因子模型，对油价冲击我国能源股收益的幅度进行了估计。除了基础模型分析外，我们还在控制了回归残差项中可能的GARCH效应后对各个模型进行了扩展分析，并依据结构性断点检验结果，对全样本进行了划分与分段估计。结果显示，在2008年金融危机之后的子样本2中，国际原油价格变化对我国能源类股票收益存在显著的正向影响，而在危机发生之前的子样本1中不存在油价冲击效应。进一步地，通过对不同类型能源股投资组合的回归分析，我们还发现，在2008年3月之后，国际石油价格冲击除了对石油关联类股票价格存在正向影响外，对煤炭和电力股票的正向影响效应更大，但对新能源行业股票影响略低一些。这意味着，一方面，在股票市场上，油价冲击可能引发投资者进行不同能源股之间的投资转移；另一方面，油价冲击可能会通过需求替代或刺激投资等影响非石油类公司经营活动，也即虽然在我国石油消费占比远低于煤炭等传统能源，但油价冲击可能会在一定程度对我国能源结构配置产生影响。这说明国际原油价格冲击对我国而言既是挑战也是机遇。

第 4 章

国际油价变化与中国行业股票
收益的相关性及特征分析

4.1 引言

在过去的 40 多年中我国经济一直保持着较快的发展速度，使得国内的能源需求不断增加。尤其是近 10 年来，随着工业化进程的加快和城镇化进程兴起与推进，中国能源消耗量增速加快。伴随高能源需求而来的是，我国的能源安全问题日益突出，最为严峻的是石油消费。同一时期，国际石油价格在供给和需求以及政治危机等多重因素影响下，变化剧烈。自第二次世界大战之后，历次石油危机的出现，提醒学术界和经济政策制定者们越来越注意国际原油价格冲击对宏观经济的影响；而伴随着全球资本市场的发展壮大及其在实体经济发展过程中发挥的重要作用，油价冲击对股市的影响效应也开始受到重视。从行业股市角度对油价冲击效应进行分析，更能够清楚地揭示油价收益率与股市收益率两者之间的关系。因此在本章及下一章的分析中，我们从中国股市的行业层面出发，探讨油价变化对我国股市不同行业收益率的影响效应。

从行业层面深入探讨国际石油价格变动对我国股市的冲击效应，其必要性在于：第一，上证综指或深圳成指等所代表的我国股票整体市场，可能会掩盖任何一个行业层面的表现。第二，不同行业企业在与石油之间的投入产出关系、行业内部竞争程度和行业集中度以及成本转移能力等方面存在一定的差异，这些潜在因素可能造成不同行业股票与国际石油价格冲击之间的关系是不同的。第三，面临油价冲击时，在一些行业股票的响应过程中可能存在着不对称性。因而有必要基于行业视角，对油价冲击进行研究。从投资组合管理角度来讲，通过行业层面的分析有效识别出不同行业股票对油价冲击响应的异质性，这将有助于帮助投资者在国际油价变化剧烈时期分散投资风险。

在本部分的分析中，我们比较关心的问题是：如果某一行业股票与石油不存在直接投入产出关系，更进一步地与煤炭电力天然气和新能源等替代能源也不存在直接关联，那么从统计角度来看，这类行业股票与石油价格之间是否存在相关性？如果存在，其相关关系特征如何、并在不同行业之间有何异同？更进一步地，油价冲击与我国各行业股票间的联系是否会跟我国股市的一些特性有关？带着这些问题，我们从我国股市的 13 个行业着手，从以下两个方面对国际石油价格冲击与股市收益关系进行描述分析：一是基于动态条件相关性（DCC）模型，分析油价冲击与不同行业部门股票收益率的相关关系，并结合各行业特征进行行业之间的对比；二是借助于因子分析法，探讨油价变化在我国股市内部的冲击传导特征。

DCC 研究结果表明，原油价格冲击对我国大部分行业股票的影响具有时变性，并且存在行业差异。其中，采掘业股票与油价变化率的相关系数最大、关系也较稳定；信息技术和传播文化业股票对油价冲击的响应显著不同于其他行业。此外，我国股市特征分析和油价与各行业股市收益率的旋转因子结果显示，在我国股市内部，不同行业股票之间存在价格传导效应，而且该效应可能是引起油价变动在我国股市内具有普遍影响的原因之一。

4.2　数据简介

按照证监会 2001 年行业分类标准指引，我们选取了 13 个门类股票行业作为我国股市的行业代表。这 13 个行业分别为：农林牧渔业、采掘业、制造业、电力煤气水生产供应业、建筑业、交通运输及仓储业、信息技术业、批发与零售业、金融保险业、房地产业、社会服务业、传播与文化业和综合类股票行业。各行业的情况说明及符号表示见表 4.1。这里我们还同时考虑了上证综合指数序列，SSE。股票数据均来源于 RESSET 金融研究数据库。在原油市场指标选取上，同样采用的是来自美国能源信息署网站（EIA）上的欧洲布伦特原油价格，并用 R_{oil} 表示其价格变动百分比。由于本章主要是从统计描述角度对油价与股市关系进行分析，对数据频率有一定的要求，因此采用的是周数据。时间跨度为 2000 年至 2011 年。

表 4.1　　　　　　　　中国股票市场行业分类情况

行业名称	符号	各行业所包含股票种类等说明
农林牧渔业	Agriculture	包括农业、林业、畜牧业和渔业，及农林牧渔服务业
采矿业	Mining	包括煤炭、石油及天然气开采，黑色及有色金属、非金属矿采选、开采辅助活动及其他采矿业
制造业	Manufacture	食品、饮料，纺织服装、皮革羽毛业，木材加工、家具，造纸、印刷，石油、化工、塑胶及塑料，电子制造修理，金属、非金属冶炼加工，机械设备、仪表，医药与生物制品，以及其他制造业
电力热力水生产供应业	Electricity	电力、热水及蒸汽、煤气、自来水生产与供应
建筑业	Construction	房屋、土木工程建筑业、建筑装饰及安装等

行业名称	符号	各行业所包含股票种类等说明
交通运输及仓储业	Transportation	铁路、公路、航空、水上及管道运输，仓储业、运输辅助等
信息技术业	Information	通信、计算机及相关设备制造，通信及计算机应用服务
批发与零售业	Wholesale	家庭用品、饮料、食品、烟草批发，电子机械设备、能源及材料批发，其他批发业等，零售业
金融保险业	Financial	银行、保险业，证券期货、金融信托业、基金业及其他
房地产业	Real Estate	房地产经营与开发、房地产管理及中介服务
社会服务业	Service	邮政、公共设施服务，科研、专业服务，餐饮、旅馆及旅游业，娱乐、卫生保健护理服务，租赁及其他社会服务
传播与文化业	Media	出版、声响、广播、电视、电影业，艺术业，信息传播及其他文化产业
综合类	General	公司无一类营业收入比重在50%以上，且没有一类营业收入比重比其他业务收入比重高30%

注：行业分类标准来自中国证券监督委员会2001年行业分类指引，细节注释以两位分类码为依据。

各行业股票统计情况显示，收益率均值最大的为采掘业，波动最大的为传播与文化业（见表4.2）。所有变量序列的峰度检验值都大于3，进一步结合 ARCH – LM 检验结果，可发现各序列均存在"厚尾"问题（Fat Tail），在下一步分析中需要对这一问题予以考虑。此外，我们还对各变量进行了基于 ADF 方法的单位根检验，结果显示所有的收益序列都是平稳的。

表4.2 国际原油价格变化率与我国股市行业收益率统计描述

变量	均值	最大	最小	标准差	偏度	峰度	Q (10)	P 值
R_{oil}	0.004	0.222	-0.207	0.045	-0.413	4.778	45.220	0.000
SSE	0.001	0.150	-0.138	0.035	0.277	5.109	23.080	0.010
Agriculture	0.004	0.231	-0.159	0.047	0.085	5.059	14.020	0.172
Mining	0.006	0.246	-0.218	0.049	0.429	5.861	28.400	0.002
Manufacture	0.004	0.202	-0.154	0.043	-0.026	5.157	31.210	0.001
Electricity	0.003	0.175	-0.171	0.041	-0.145	5.562	28.350	0.002
Construction	0.004	0.232	-0.160	0.044	0.075	5.291	23.440	0.009
Transportation	0.003	0.169	-0.155	0.039	-0.124	5.059	17.610	0.062
Information	0.003	0.179	-0.167	0.046	0.056	4.607	24.800	0.006
Wholesale	0.004	0.174	-0.152	0.043	0.045	5.040	33.150	0.000
Financial	0.004	0.338	-0.163	0.049	1.046	8.355	14.670	0.145
Real Estate	0.004	0.209	-0.160	0.046	0.150	4.510	28.380	0.002
Service	0.004	0.189	-0.162	0.043	-0.144	4.951	35.690	0.000
Media	0.003	0.212	-0.173	0.053	0.317	4.785	18.910	0.041
General	0.004	0.185	-0.189	0.045	-0.060	5.511	35.070	0.000

注：最后一列为 Q (10) 检验所对应的 P 值。

表4.3 中给出了我国各行业股市收益序列与布伦特原油价格变化率之间的常相关系数。可发现，在全部样本中，无论是上证指数还是各行业收益序列，都与油价存在一定程度的相关性，但相关系数比较小，最高为17%，最低为7%。由于菲利斯等（Filis et al.，2011）等已证实2008年金融危机的发生对油价与我国股市关系存在明显的结构性影响，因此除了全样本分析外，我们还以2008年12月为分界点对样本进行了划分。分样本结果显示，危机前，除采掘业和文化传播业外，我国股票与油价收益间的常相关系数非常小，油价冲击与大部分行业的相关性仅保持在5%左右；但在危机发生后的分样本2中，两者的相关性明显增加，最低为16%以上，最高达34%。这一对比结果初步说明，在各行业股票与油价

的相关性问题上，也可能存在时变关系。

表 4.3　　　　　　　　　　　　　**常相关系数矩阵**

股市收益率	与原油价格变化率相关系数		与 SSE 相关系数	
	全样本	分样本 1 2000—2008 年	分样本 2 2009—2011 年	全样本
SSE	0.104	0.056	0.297	1.000
Agriculture	0.070	0.045	0.164	0.728
Mining	0.174	0.124	0.341	0.834
Manufacture	0.091	0.053	0.218	0.842
Electricity	0.093	0.050	0.257	0.855
Construction	0.072	0.030	0.228	0.825
Transportation	0.072	0.029	0.234	0.877
Information	0.078	0.041	0.188	0.781
Wholesale	0.093	0.057	0.222	0.818
Financial	0.085	0.050	0.248	0.853
Real Estate	0.094	0.039	0.291	0.841
Service	0.098	0.058	0.239	0.805
Media	0.108	0.082	0.221	0.669
General	0.104	0.053	0.280	0.820

4.3　动态相关系数结果

　　基于常相关系数描述中 2008 年金融危机前后两个子样本结果差别较大这一现象，这里我们也采用 DCC 模型，对油价变化率与行业股市收益率之间的关系进行了分析，分别得到了各行业股票投资组合收益率与油价冲击之间的动态条件相关系数结果。

　　在表 4.4 中，我们首先以统计描述的方式给出了油价冲击与各行业股票的动态系数估计结果。与4.3中的常相关系数值进行比较可发现，考虑时变性之后所得到的行业股市收益与油价收益关系系数均值发生了一定的变化：首先，在全样本中，除农林牧渔业（Agriculture）和信息技术业（Information）时变系数均值略大于常相关系数外，其他行业包括上证综指与油价冲击的动态系数均值都小于常相关系数；其次，在危机发生前的子样本1中，所有行业动态系数均值都略大于同一时段内的常相关系数值；但在2008年金融危机发生后的子样本2中，动态系数均值小于该时期的常相关系数。

表4.4　　　　　　　　　**动态时变相关系数统计描述**

股市收益率	全样本			分样本1		分样本2	
	均值	中值	标准差	均值	标准差	均值	标准差
SSE	0.087	0.079	0.081	0.062	0.073	0.178	0.024
Agriculture	0.078	0.077	0.041	0.073	0.043	0.097	0.022
Mining	0.155	0.149	0.047	0.138	0.039	0.216	0.015
Manufacture	0.079	0.075	0.039	0.071	0.040	0.108	0.017
Electricity	0.081	0.073	0.038	0.070	0.036	0.118	0.015
Construction	0.066	0.066	0.024	0.061	0.025	0.084	0.010
Transportation	0.055	0.054	0.074	0.038	0.073	0.118	0.030
Information	0.083	0.075	0.042	0.092	0.040	0.052	0.034
Wholesale	0.076	0.070	0.059	0.061	0.057	0.132	0.023
Financial	0.067	0.052	0.037	0.053	0.028	0.118	0.011
Real Estate	0.087	0.085	0.045	0.078	0.047	0.120	0.016
Service	0.086	0.088	0.062	0.075	0.064	0.128	0.028
Media	0.094	0.089	0.059	0.107	0.057	0.046	0.036
General	0.093	0.093	0.058	0.079	0.057	0.145	0.021

注：这里视标准差在0.05以下为很稳定，0.05~0.1为较稳定，0.1以上不太稳定。

从动态系数均值自身结果来看，子样本2中大部分行业与油价关系都有所提升，其中上证综指与其相关性达 17% 以上，采掘业动态相关性评价达 22%，另有 9 个行业也达到 10% 以上。同时我们发现，信息技术业（Information）和传播文化业（Media）在 2008 年之前与油价变化率之间的相关系数均值大于 2008 年之后，体现出比较独特的关系。此外，在同一时期，不同行业与油价之间的关系也存在一定的差异：从动态相关系数的方向上来看，采掘业、建筑业与信息技术、金融保险业股票收益与油价变动完全正相关，其他行业股票与油价波动在某些时段存在负相关关系；从相关系数均值和中位数来看，与油价关系最为密切的是采掘业，相关性较低的是交通运输仓储业股票①；从序列标准差来看，建筑业和金融保险业股票与国际原油价格变化关系比较稳定，而交通运输仓储业股票与油价关系最不稳定；从极值来看，采掘业、传播文化业、社会服务及交通运输仓储业股票与石油价格相关性最大值较突出，达 22% 以上。概括来讲，采掘业股票收益对我国际油价变动关系最为密切和稳定，建筑与金融保险业股票与油价关系较弱但稳定，交通运输业股票与油价关系波动最大。

接下来，我们以图示的方式分别给出了各行业等权重投资组合股票收益率与国际油价增长率间的动态关系图示②，并结合行业特征进行分类分析。

（1）采掘业、交通运输仓储业及社会服务业。从行业特性来说，采掘业与石油密切相关，如采掘业中的石油开采企业、交通运输仓储业中的公路和航空运输公司等。DCC 模型得到的动态相关系数结果显示（见图 4.1），采掘业股指收益率与油价的关系明显高于其他行业，相关系数全部为正且波动较小，并在 2008 年底之后两者关系得到加强。这一点与从荣刚等（2008）的研究结论一致，体现出油价上涨对采掘企业股票是有利的。

———————

① 按各行业股票与油价间的相关系数均值大小来排序，具体是：采掘业 > 传播文化业 > 综合类 > 房地产业 > 社会服务业 > 信息技术业 > 电力煤气水生产供应业 > 制造业 > 农林牧渔业 > 批发和零售贸易业 > 金融、保险业 > 建筑业 > 交通运输、仓储业。

② 这里将一些与油价关系较为相近的行业进行了综合。

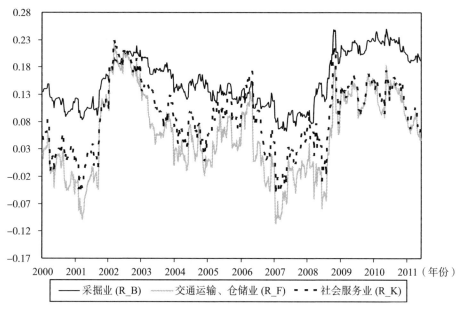

图 4.1　油价变动与采掘业、交通运输仓储及社会服务业股票动态关系

　　交通运输仓储业股票与油价关系显著低于采掘业，并在整个研究区间内波动较大。造成这一区别的可能原因之一在于这两个行业与石油市场的关系不同：采掘业企业主要通过供给渠道与原油市场关联，而交通运输业则主要通过需求渠道与原油市场关联，由此导致两者在面临油价冲击时风险及规避手段不同，并且国内成品油定价机制对这一关系也可能存在影响。社会服务业股价变化与油价冲击的关系与交通运输仓储业较为接近，但方差比交通运输仓储业小。

　　（2）信息技术与传播文化业。图 4.2 给出了信息技术和传播文化这两个行业部门股票与国际油价的动态关系。将这两个行业进行合并分析的原因在于两者在与油价关系的时变性上具有很大的相似，同时又显著不同于其他行业。在 2002 年之前以及 2007—2008 年金融危机期间，其他各行业股票均与油价保持较低的相关性，但信息技术与传播文化这两个部门股票与油价关系则较为密切，相关系数达 15% 以上；而在其他行业与油价关系得到加强的时间段，即 2008 年底之后，这两个行业股票与油价关系却大幅降低。对应这一时段的国际油价变动趋势可发现，这两个行业股票收益体现出在油价上涨时较其他行业上涨更快，在油价下跌时下跌较慢的特性，有较强的抗冲击能力。我们认为这种特殊性在一定程度上跟信息技术与传播文化业的行业特点有关，比如这两个部门的企业都强调思维或科技创新的重要性，注重保持产品的创新性以及相对稳定的客户群，因而具有相对优势。

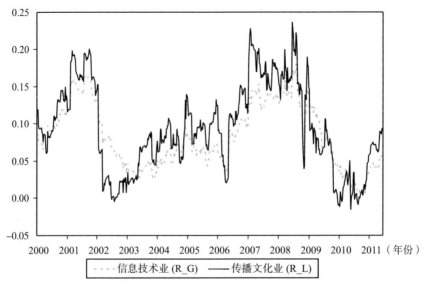

图 4.2 油价变动与信息技术、传播文化业股票动态关系

（3）其他行业。剩余其他 8 个行业股票与油价冲击关系具有较大的相似性：2008 年金融危机之前波动较大，两市场间相关性不突出，2008 年之后发生跳跃，但在整体相关性上又明显低于采掘业股票与油价的关系。

图 4.3 和图 4.4 给出了农林牧渔、制造业、批发零售贸易业、房地产业和综合类这 5 个行业股票收益与油价的动态关系。除了阶段关系上的相似性，它们的差异在于，批发零售贸易业和综合类股票与布伦特油价变化关系比较接近，农林牧渔业、制造业和房地产业比较相似，后三者与油价关系在 2008 年之后提升有限，总体上低于前两个行业，尤其农林牧渔业

在危机之后的 2009 年初与油价关系波动比较大。

从油价与股市相关系数的最大值来看，综合类和批发零售贸易业大于房地产业，后者又大于农林牧渔业和制造业。从方差大小来看，制造业和农林牧渔业股票与油价关系更稳定，这一点与采掘业相类似，可能是由于这两个行业中有更多的企业以石油为投入品的行业特征所致；而其他三个行业公司的股票与油价关系波动较大、稳定性差一些。

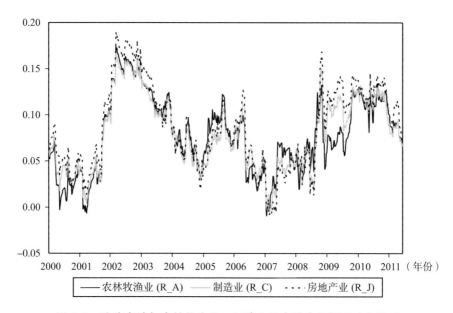

图 4.3　油价变动与农林牧渔业、制造业及房地产业股票动态关系

图 4.5 中的 DCC 结果显示，建筑和金融保险这两个部门与石油的依赖性并不大。在所有行业中这两类行业股票与国际油价的联系最低，尤其是建筑业。虽然这几个行业股票在 2008 年金融危机之后与油价动态关系增强，但仍低于 15%。比较可以发现，金融业股票在危机之后与油价的相关性较其他两个行业提高更多。金融保险业与石油的关联度较小，两者间整体相关性较低不难理解，但从我国石油进口规模和依赖度不断增加、油价上涨导致石油进口成本增加进而甚至影响整体宏观经济来看，石油与

我国金融保险业股票间增加的关系需要引起相应的注意。

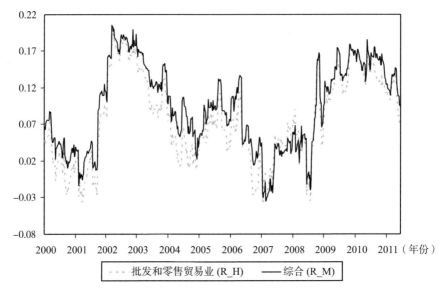

图 4.4　油价变动与批发零售贸易业及综合类股票动态关系

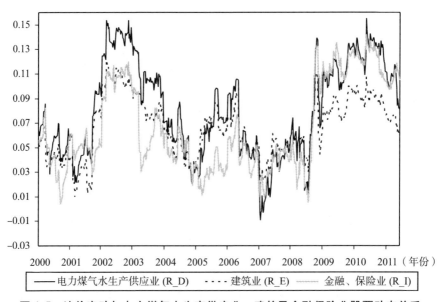

图 4.5　油价变动与电力煤气水生产供应业、建筑及金融保险业股票动态关系

　　这里电力煤气水生产和供应业股票与油价关系具有一定特殊性。该行业与油价的相关系数在 2001 年底至 2005 年小于农林牧渔、制造和房地产行业，在 2008 年危机之后，其系数较其他行业有一个更快的增速，开始逐渐大于其他行业，表现出随我国对原油市场的依赖性增加而增加的特性。对此，我们的理解是，在油价发生波动，尤其是油价上涨时，电力和煤气对石油有一定替代作用，需求相应发生变化。

　　总体而言，DCC 实证结果表明，无论是从股指角度还是分行业考虑，原油价格变化与我国股票收益间均存在随时间而变化的动态关系，并且不同行业间存在差别。其中，采掘业股票受油价冲击影响较大，信息技术业和传播文化产业股票收益率与油价变化率关系显著不同于其他行业。

4.4　油价冲击与我国股市特征

　　在 DCC 分析结果中，采掘业与油价冲击间关系密切，这在直观是可以理解的，然而油价冲击同一些与石油关系不大的行业股票收益之间也存在相关性，如金融保险业。此外，油价变化与一些行业股票的动态关系具有很大的相似性，如采掘业和批发零售贸易业、综合类股票等，这其中有什么关联？这些行业出现相似反应的机制是什么？带着以上几个疑问，我们注意到，在对股市问题的研究中有学者发现不仅不同国家或地区的股市之间以及股市与债券、期货、汇率市场之间存在联动性，而且同一国家股市内部的不同行业部门之间也存在价格传导效应[①]（Ewing，2002）。在我国，秦宛顺、刘霖（2001）、陈梦根、曹凤岐（2005）发现我国证券市场存在"板块轮动"现象，何诚颖（2001）认为这种"板块现象"是一种特殊的市场投机现象，其形成与股市投资者行为特征有关。蒋治平（2008）发现我国股市行业指数间存在显著的冲击传导作用，但各个行

---

　　① 即一个行业所受冲击对其他行业回报有显著影响。

业的影响效果不同，其中能源和日常消费品行业波动对其他行业的影响很大。结合 DCC 模型结果和以上这些学者关于股市行业冲击传导的研究结论，我们有理由怀疑国际石油价格冲击对我国不同行业股票收益的影响可能也受到行业冲击传导特征的影响。因此，这一节将就我国股市波动特征以及油价对行业股票冲击是否与"板块轮动"有关，进行分析。

4.4.1　股市波动来源分解

借鉴弗尔斯特等（Foerster et al.，2011）的做法，这里首先从收益率标准差角度，对股票市场的冲击来源进行简单分析。股票整体市场收益率 r_t 和各行业股票收益率 r_{it} 两者间的关系可以表示如下：

$$r_t = \sum_{i=1}^{N} w_{it} r_{it} = \frac{1}{N} \sum_{i=1}^{N} r_{it} + \sum_{i=1}^{N} \left(w_{it} - \frac{1}{N} \right) r_{it} \qquad (4.1)$$

w_{it} 为各行业部门的权重，i = 1，2，…，N 表示 N 个不同的行业部门。在上述公式中，第二个等式右边第一项是将所有部门视为等权重，第二项考虑了各部门实际权重与等权重的偏离情况。如果某一行业部门股票收益率的实际权重与等权重偏离较大时，第二项方差会较大。在这一逻辑下，通过比较不同权重设定条件下市场整体收益的波动情况，如等权重与实际权重，可以对股市波动来源是否与一些关键行业有关进行初步判断。

我们分别计算了上证综指收益标准差、以流通市值加权的整体股票市场收益率标准差和市场等权重指数收益率标准差、行业等权重收益序列的标准差。结果分别如表 4.5 中 Panel A 和 Panel B 两个部分所示，包括全样本与 2008 年金融危机之前与之后两个分样本。这里将前两者作为实际加权情况考虑，视后两者为等权重加权结果。可以看出：在 A 部分内部和 B 部分内部，无论是全样本还是分样本中，两种不同指数收益率的波动性差异不大；但是，如果将 Panel A 中结果与 Panel B 中的结果进行对比，可发现 A 部分中按实际权重加权所得指数的收益率波动小于 B 中按等权重进行加权的指数收益率标准差。这一比较结果说明，大行业或关键行业的独特性冲击并不是造成我国股市整体波动的主要原因，否则将所有行业同等对待时，其指数收益率方差应小于实际权重加权的方差。

表4.5　　　　　　　　　　我国股市收益率标准差结果统计

收益率	全样本	分样本1	分样本2
	Panel A：实际权重指数收益标准差		
上证综指收益	3.53	3.59	3.29
流通市值加权市场收益	3.88	3.96	3.57
	Panel B：等权重指数收益标准差		
市场等权重指数收益	4.32	4.93	4.20
行业等权重指数收益	4.17	4.22	3.98
	Panel C：排除行业协变后等权重收益标准差		
行业等权重指数收益 （不含行业协变）	1.26	1.27	1.20

注：等权重表达式为 $(N^{-1}\sum r_{it})$，不考虑行业间协变时行业等权重的标准差计算公式为 $\sqrt{T^{-1}\sum_{t}\sum_{i}(N^{-1})^{2}(r_{it}-\bar{r}_i)^2}$。

基于所构造的行业等权重收益序列，我们还在剔除行业协同变化（也即假设不同行业股票相互独立）的情况下，计算出了这一收益率序列的标准差。结果如表4.5 Panel C部分所示。与B部分第二行中原始行业等权重指数收益率的标准差相比，我们发现，不考虑行业协变关系后市场波动大幅下降，突出了行业协变性在我国股市收益波动中的重要作用，这也与已有文献所发现的"板块轮动"或行业间价格传导结果相一致（陈梦根，曹凤岐，2005；蒋治平，2008）。

4.4.2　因子分析

对股市自身波动特征的分析结果已经初步表明，我国不同行业股票之间存在协同变化现象。那么，进一步的，在油价冲击问题上，油价波动对不同行业股票的影响是否也存在"板块轮动"或价格传导特征呢？

弗尔斯特等（2011）指出，因子模型是刻画部门与部门之间协变性的理想工具。这一模型的主要思路是将一些可能存在相关性的多个变量进行降维，提取几个无法观测到的、潜在的因子，从而用提取出来的因子去描述变量与原始变量之间的关系，这样可以避免原始变量提供信息发送重叠或是相互抵消。在这里我们引入因子分析模型，对油价冲击影响股市的路径特征予以分析和理解。模型设定中，可以将 $N \times 1$ 维的收益率向量 r_t 表示为如下形式：

$$r_t = \Lambda F_t + u_t \tag{4.2}$$

F 为潜在的公因子向量，Λ 为系数矩阵，又称因子载荷矩阵，表示变量 r 与因子 F 间的相关性，u 为异质性残差。在 F 与 u 互不相关的假定下，u 为对角矩阵，行业间的协变性将在公因子 F 上体现出来。

在因子模型设定下，如果国际石油价格变化率对我国不同行业股票收益的影响存在"板块轮动"或行业间传导特征，那么应该存在一个与行业股市收益与油价收益关系都非常密切的公因子。

综合考虑油价冲击与股指及行业收益率后的因子分析结果如表4.6所示。结果显示，无论是在总样本还是两个分样本中，模型选定的最佳公因子都是两个，分别用 F1、F2 表示。并且股票收益与公因子 F1 有着密切的关系，可将其理解为股票市场因子；油价增长率与公因子 F2 关系密切，可理解为原油市场因子。

在全样本中，因子 F1 的载荷显示，油价变化率与股市收益的相关性仅为5%，因子 F2 的载荷显示股票收益与油价因子的相关性也普遍较低，只有采掘业与因子 F2 的相关性高于10%。分段考察后我们发现，在2008年之后分样本2中，我国股票市场与原油市场因子的关系发生了明显的变化，因子2的载荷系数得到显著提高：在与油价因子的相关性上，采掘业达74.5%、交通运输仓储业达50.1%、金融保险业达82.1%、房地产业达59.1%，电力、煤气及水生产供应业、建筑业等也都达到40%以上，远远大于分样本 1 中这些行业股票收益与油价的关系。尤其是这里的采掘业和金融保险业股票，其收益与油价因子的相关度高于与股市因子的关系，表明在危机后受油价冲击的影响较大。上证综指收益率在原油市场因子上的载荷系数也高达 0.766，大于其在股票市场因子上的载荷系数。第二个分样本中的结果表明，在 2008 年金融危机之后，国际石油价格变化能够通过我国股市行业间价格传导特征而在不同行业传递，从而与我国行业股市收益存在普遍关联。

表 4.6　　　　　　　　　　因子分析载荷矩阵（旋转后）

变量	全样本		分样本 1		分样本 2	
	F_1	F_2	F_1	F_2	F_1	F_2
R_Oil	0.049	0.993	0.029	0.997	−0.031	0.597
SSE	0.886	0.097	0.887	0.043	0.589	0.766
Agriculture	0.917	0.002	0.921	0.009	0.904	0.206
Mining	0.847	0.177	0.857	0.127	0.527	0.745
Manufacture	0.986	0.034	0.988	0.021	0.940	0.308
Electricity	0.959	0.048	0.958	0.023	0.845	0.468
Construction	0.961	0.015	0.958	−0.005	0.880	0.411
Transportation	0.960	0.027	0.958	−0.001	0.831	0.501
Information	0.940	0.015	0.952	0.008	0.910	0.207
Wholesale	0.972	0.031	0.976	0.024	0.940	0.257
Financial	0.771	0.091	0.772	0.041	0.417	0.821
Real Estate	0.934	0.049	0.943	0.004	0.703	0.591
Service	0.959	0.038	0.961	0.024	0.927	0.276
Media	0.843	0.050	0.839	0.062	0.893	0.179
General	0.964	0.046	0.964	0.019	0.889	0.391

4.5 本章小结

本书首先基于 DCC 模型，从各行业层面分析了我国股票市场与国际原油价格变化的关系。分析结果表明，油价与我国股指间存在随时间变化的正相关关系，并在 2008 年金融危机之后两者的相关性有较大幅度提高。基于不同行业的分析结果表明，油价与我国股市的关系存在行业差异：首先，与石油关系较为密切的行业，如采掘业、交通运输业等，受油价变化影响较大，一方面，表现在两者相关系数较大，另一方面，表现在两者相关系数波动范围更大；其次，一些行业的特殊性也使其受油价变化影响异于其他行业，如对创新性要求较高的信息技术和传播文化业；最后，农林牧渔业、制造业和批发零售等行业股票与国际油价关系较稳定，受油价冲击影响有限。

对股市冲击特征的分析表明，我国股市的收益波动主要与引起不同行业协同变化的冲击相关，因子分析的结果也证实了这一点。在 2008 年金融危机之后，明显存在对我国股市有显著影响的油价公因子，并且采掘业、房地产和金融等行业股票与油价因子关系密切，这不仅向我们揭示出油价冲击对我国股市的影响路径，也解释了在 DCC 模型分析结果中，油价冲击为何对较多与石油关系不大的行业造成影响。该发现也间接说明，我国股票市场在一定程度上存在投资者过度反应现象，投资者的非理性情绪扩大了石油冲击对我国股票市场的影响。

近年来国际原油市场不确定因素增多，产量控制、中东危机与禁运以及经济或金融危机、新兴国家需求增加等，导致了石油价格波动增加。在这种大环境下，有理由相信国际原油市场对我国宏观经济乃至股票等资本市场的影响将进一步加大，这就需要监管者和投资者更加关注油价冲击对我国股市的影响。除了关注油价冲击对不同行业的影响差异外，如何在油价高波动时期降低股市内部的行业协变、如何更好地培育市场的发展以及引导投资理性选择，值得我们思考。

第 5 章

国际油价变化对中国行业
股票影响的回归分析

5.1 引言

　　第 4 章分析主要侧重于从统计描述角度对行业股市与油价冲击关系进行了解，并没有得到油价冲击对不同行业的影响幅度，各行业的对比也较粗略。并且由于 DCC 结果显示，油价变化率与建筑业和金融保险业等行业投资组合收益的相关系数偏小，从回归分析角度来看，这些行业股票收益是否显著受油价冲击影响还需要验证。因此，本章继续从股市行业层面出发，借助不同的回归手段，分析我国各行业的股票投资组合收益对来自国际石油价格冲击的响应程度及差异。希望进一步厘清我国行业层面股票收益变化与国际石油价格变化之间的短期关系。

　　我们首先借助于格兰杰因果关系检验和多变量回归模型，分析油价冲击对我国 13 个不同行业股票收益的影响。其次，还将引入几种不同的油价冲击的非线性设定，将油价冲击拆分为上涨和下跌两个部分，考察国际油价对我国行业股市的影响中是否存在非对称效应。对非对称的分析主要是考虑到在近年来的研究中，不少学者研究发现油价冲击与经济活动之间存在非线性关系、油价上涨冲击对经济增长的影响幅度远远大于油价下跌冲击的影响（Hamilton，2003；Zhang，2008；Lardic & Mignon，2008；Cologni & Manera，2009）。而且这种非对称的影响关系也逐渐在股票市场中得到印证，如阿鲁里（2011）等发现国际油价对欧洲股市中的健康保健、基础材料和公用事业等行业的股票收益率存在不对称性影响。在我国股票市场的一些行业也可能存在油价冲击的非对称性。

实证结果表明，国际石油价格变化对我国采掘业、制造业、信息技术业、批发零售业和房地产业、社会服务业以及综合类等行业股票收益存在显著正向影响，而对农林牧渔业、电力热力水生产供应业、建筑业、金融保险业和传播与社会服务业股票不存在显著影响。但与阿鲁里（2011）所发现的"油价冲击对欧洲的一些行业股票收益存在非对称性影响关系"所不同的是，油价对中国各行业股票的冲击过程中，基本不存在显著的非对称性关系。

在本章余下部分的分析中，第 2 节为数据和模型设定简介，第 3 节是关于估计结果的分析与讨论，最后第 4 节给出了本章的研究结论。

5.2　数据及模型简介

5.2.1　数据介绍

在我国股市发展初期，股票市场投机现象比较严重、波动剧烈，1997年起，我国政府出台了一系列监管措施来规范股市发展。考虑到中国股票市场的这一实际情况，本书在样本区间选择上以 1997 年 1 月为起点，截止时间同样为 2011 年，数据频率为月度。这里同样以证监会 2001 年行业分类标准为依据，选取了 13 个行业门类股票投资组合和上证综指指数（SSE）数据，所用到的国际石油价格冲击依然是以欧洲布伦特原油价格变化率为代表。

为了验证数据的平稳性，借助于 ADF 检验法、PP 检验和 KPSS 三种检验法，对各行业股票数据和国际石油价格进行了单位根检验。检验结果在表 5.1 中给出。三种单位根检验方法中，ADF 和 PP 检验两者的基本原理一致且原假设也是相同的：即认为所检测变量是单位根过程，拒绝原假设意味着是平稳序列。不过 AFD 的检验结果容易受样本容量和对滞后项选择的影响，可能导致检验结果缺乏可靠性。PP 检验则由于是基于非参数估计，可减少因滞后阶数选择所带来的影响。KPSS 检验的原假设与上述两种方法相关，如果拒绝原假设表示序列是非平稳的，不能拒绝原假设才表示其为平稳序列。检验中的最优滞后阶数，则根据贝叶斯信息准则（Bayesian Information Criteria，BIC）为依据进行选择。由于在本章节的短期关系研究中，只用到了各指标的收益率序列，因此原始序列的单位跟检验结果在此予以省略。检验结果显示，三种方法所得到的结果完全一致：所有行业的股票收益率，以及上证综指收益率序列和布伦特原油价格变化率都是平稳的，满足回归分析的要求。

表 5.1　　　　　　　　　　　　单位根检验结果

行业	ADF 检验	PP 检验	KPSS 检验
农林牧渔业	− 11. 774 ***	− 11. 901 ***	0. 134
采掘业	− 11. 743 ***	− 12. 087 ***	0. 072
制造业	− 11. 370 ***	− 11. 739 ***	0. 079
电力热力水生产供应业	− 7. 351 ***	− 12. 435 ***	0. 070
建筑业	− 11. 822 ***	− 12. 220 ***	0. 092
交通运输及仓储业	− 12. 042 ***	− 12. 289 ***	0. 073
信息技术业	− 11. 227 ***	− 11. 331 ***	0. 099
批发与零售业	− 11. 469 ***	− 11. 733 ***	0. 085
金融保险业	− 12. 016 ***	− 12. 454 ***	0. 101
房地产业	− 11. 368 ***	− 11. 858 ***	0. 079

续表

行业	ADF 检验	PP 检验	KPSS 检验
社会服务业	− 10. 823 ***	− 11. 126 ***	0. 070
传播、文化产业	− 13. 079 ***	− 13. 112 ***	0. 118
综合类	− 11. 525 ***	− 11. 819 ***	0. 086
布伦特原油	− 11. 365 ***	− 11. 373 ***	0. 070
上证综指	− 11. 837 ***	− 12. 201 ***	0. 073

注：表格中给出的数字为每种检验所得到的统计量，其中 ADF 和 PP 检验中给出的是 t 统计量，KPSS 中对应的为 LM 统计量；*** 表示在 1% 的显著性水平下拒绝序列为单位根过程的原假设。

5.2.2 格兰杰因果关系检验

在实证分析部分，本书将首先借助于两变量的格兰杰因果关系检验方法，对不同行业股票收益与国际石油价格冲击序列之间的统计关系进行了解。格兰杰因果关系是用来确定一个时间序列是否对另一个时间序列存在预测关系，这种预测关系并非意味着两变量直接存在真实的因果关系。如果存在其他变量同时对所检测的两变量存在影响，格兰杰检验所得到的关系就可能具有误导性。但运用这一方法能够得到一些统计信息，这对进一步分析油价与行业股票收益之间的动态关系有一定帮助。

假设 X 和 Y 是要测试的两个变量，两变量的格兰杰因果检验可以由下列方程所表示：

$$Y_t = \alpha_{10} + \alpha_{11}Y_{t-1} + \cdots + \alpha_{1p}Y_{t-p} + \beta_{11}X_{t-1} + \cdots + \beta_{1p}X_{t-p} \quad (5.1)$$

$$X_t = \alpha_{20} + \alpha_{21}X_{t-1} + \cdots + \alpha_{2p}X_{t-p} + \beta_{21}Y_{t-1} + \cdots + \beta_{2p}Y_{t-p} \quad (5.2)$$

每个方程中解释变量都由被解释变量自身的滞后项和解释变量的滞后项所构成。P 为滞后阶数，主要根据 AIC 等信息准则来进行选择。具体地，第一个方程用来检验 X 变量的滞后项是否对变量 Y 具有解释力。如果原假设：$\beta_{11} = \beta_{12} = \cdots \beta_{1p} = 0$ 被拒绝，说明 X 是 Y 的格兰杰原因，反之则不是。

5.2.3　基准多因子回归模型

阿鲁里（2011）基于多因子定价模型，探讨了欧洲市场行业股票收益与国际石油价格冲击的关系，并在研究中考虑了多种不同的模型设定。在本章节的实证检验部分，我们主要参照该研究中的方法进行分析。这样不仅可以得到关于我国行业股票与国家石油价格变化之间的详细关系，还可以将所得结果与欧洲市场的情况进行对比。这里多因子模型基本表达式如下所示：

$$R_{it} = a + b \times R_{oil,t} + c \times SSE_t^0 + d \times D_t + \varepsilon_{it}$$

$$\varepsilon_{it} = \upsilon_t \sqrt{h_{it}} \quad \upsilon_t \sim N(0,1)$$

$$h_{it} = \alpha + \sum_{m=1}^{q} \beta_m \varepsilon_{it-m}^2 + \sum_{n=1}^{p} \gamma_n h_{it-n} \tag{5.3}$$

R_{it} 表示行业部门 i 的月度股票投资组合收益率，$R_{oil,t}$ 代表国际原油价格变化率。除了油价冲击外，考虑到各行业股票收益与市场指数收益之间存在较高的相关性，在回归中还考虑了市场收益因素 SSE_t^0，这一变量还有助于控制一些影响股市的其他共同因素。变量 SSE_t^0 是过滤掉国际石油价格冲击后的市场收益，通过上证综指原始收益率对油价变化率进行简单最小二乘回归而得到的，也即是回归方程 $SSE_t = \alpha + \beta R_{oil,t} + SSE_t^0$ 的残差序列。

在本章的样本区间内 2008 年发生了金融危机，这可能导致变量间关系出现跳跃。所以本章首先在 Chow 检验基础上，基于匡德和安德鲁等（Quandt，1960；Andrews，1993；Andrews & Ploberger，1994；Hansen，1997，et al.）所建议的内生性检验，对油价与各行业的回归进行了断点检验。检验结果显示：在全部 13 个股票行业中，有 7 个行业存在结构性变化，且结构性变化主要发生在常数项中，所有变化都发生在 2007 年 1 月。因此，在上述多因子模型设定中，我们引入一个虚拟变量 D_t，2007 年之前 D_t 取值为 0，2007 年之后取值为 1，对结构性变化问题进行控制。

为了避免回归残差项 ε_{it} 中可能存在异方差问题，阿鲁里（2011）还在多因子模型的基础上，进一步加入了广义自回归条件异方差模型，假设残差序列服从一个 GARCH（p，q）过程，p 和 q 为滞后阶数，其设定如上文后两个公式所示。从而这里的三个表达式共同构成本文研究所用到的主要回归设定。为了和下文中扩展后的模型进行区别，将上述设定称之为基准多因子模型。

5.2.4 非线性油价冲击变量设定及扩展模型

吉内尔（Ciner，2001）在研究中将油价冲击的非线性研究思路从宏观经济层面扩展至股票市场，发现国际石油价格冲击对美国股票市场存在不对称性影响。阿鲁里（2011）也发现欧洲市场上的行业股票也对油价冲击存在不对称性响应。在本书的分析中，我们借鉴这一研究思路，在油价原始变化率序列 $R_{oil,t}$ 基础上，分别构造了三种不同的非线性油价上涨和油价下跌冲击变量。

（1）油价上涨冲击和油价下跌冲击，分别用 $R_{oil,t}^{+}$ 和 $R_{oil,t}^{-}$ 表示。油价上涨冲击 $R_{oil,t}^{+} = \mathrm{Max}(0，R_{oil,t})$，也即取油价变化率为正部分，若为负则以零代替；油价下跌冲击 $R_{oil,t}^{-} = \mathrm{Min}(0，R_{oil,t})$，即取油价变化率负向部分，大于零的则替换为零。相对应地，此时多因子回归模型被扩展为：

$$R_{it} = a + b^{+} \times R_{oil,t}^{+} + b^{-} \times R_{oil,t}^{-} + c \times SSE_{t}^{0} + d \times D_{t} + \varepsilon_{it}$$

$$\varepsilon_{it} = \upsilon_{t} \sqrt{h_{it}} \quad \upsilon_{t} \sim N(0，1)$$

$$h_{it} = \alpha + \sum_{m=1}^{q} \beta_{m} \varepsilon_{it-m}^{2} + \sum_{n=1}^{p} \gamma_{n} h_{it-n} \qquad (5.4)$$

（2）净油价上涨与净油价下跌冲击，分别以 $NetR_{oil,t}^{+}$ 和 $NetR_{oil,t}^{-}$ 表示。汉密尔顿（2003）等指出，油价上涨有可能是对过去一段时间内价格下跌进行回调而造成的，为了更好地识别油价冲击的非对称性，作者指出可以将当期油价与过去一段时间内的最高与最低油价做比较。本书采用的是与过去三个月的油价做比较[①]。取当期油价高于过去 3 个月最高油价部分，其他以零替代，得到净油价上涨冲击变量；取当期油价低于过去 3 个月最低油价的部分，得到净油价下跌冲击变量。也即：

$$\text{NetR}_{\text{oil,t}}^{+} = \text{Max}\left[\, 0\,,\ P_{\text{oil,t}} - \max(P_{\text{oil,t-1}}\,,\ P_{\text{oil,t-2}}\,,\ P_{\text{oil,t-3}})\,\right] \quad (5.5)$$

$$\text{NetR}_{\text{oil,t}}^{-} = \text{Min}\left[\, 0\,,\ P_{\text{oil,t}} - \min(P_{\text{oil,t-1}}\,,\ P_{\text{oil,t-2}}\,,\ P_{\text{oil,t-3}})\,\right] \quad (5.6)$$

将这两个变量替换多因子模型中的原有油价冲击变量，回归方程相应被调整为：

$$R_{it} = a + b_{\text{net}}^{+} \times \text{NetR}_{\text{oil,t}}^{+} + b_{\text{net}}^{-} \times \text{NetR}_{\text{oil,t}}^{-} + C \times \text{SSE}_{t}^{0} + d \times D_{t} + \varepsilon_{it} \quad (5.7)$$

（3）按照李等（1995）的设定，构造出经油价波动率规模化后的油价上涨与下跌冲击$\text{SR}_{\text{oil}}^{+}$和$\text{SR}_{\text{oil}}^{-}$。这两个非线性冲击变量的设定主要是考虑到，在油价变化的过程中，波动频繁期油价带来的影响和油价相对稳定时期带来的影响，可能存在差异，因而引入油价波动性，进行规模化处理。这两个非线性油价冲击变量的具体设定方法是，首先对油价变化原始序列进行 AR（h）- GARCH（q，p）回归，也即：

$$R_{\text{oil,t}} = \theta_0 + \sum_{k=1}^{h} \theta_k \times R_{\text{oil,t-h}} + \epsilon_t \quad (5.8)$$

$$h_{it} = \alpha + \sum_{j=1}^{q} \beta_j \in_{\text{it-j}}^{2} + \sum_{l=1}^{p} \gamma_l h_{\text{it-1}} \quad (5.9)$$

在回归的基础上得到经波动率规模化的油价冲击变量$\text{SR}_{\text{oil}}^{+}$和$\text{SR}_{\text{oil}}^{-}$：

$$\text{SR}_{\text{oil}}^{+} = \max(0\,,\ \hat{\epsilon}_t / \sqrt{\hat{h}t})\ \text{和}\ \text{SR}_{\text{oil}}^{-} = \min(0\,,\ \hat{\epsilon}_t / \sqrt{\hat{h}t}) \quad (5.10)$$

同样，将这两个油价冲击变量替代最初回归中的油价变化率，可得到他们对不同行业股票收益的影响系数值及显著性情况。对应的多因子模型为：

$$R_{it} = a + b_{\text{scale}}^{+} \times \text{CR}_{\text{oil,t}}^{+} + b_{\text{scale}}^{-} \times \text{CR}_{\text{oil,t}}^{-} + C \times \text{SSE}_{t}^{0} + d \times D_{t} + \varepsilon_{it} \quad (5.11)$$

表 5.2 中对这三种油价冲击的非线性转换方式进行了简单总结，给出了三种转换方式下油价非线性冲击序列的变量表达式及相关说明。

[①]　我们也将时间扩展到了过去 12 个月，但发现这一改变对结果的影响不大。

表 5.2 非线性油价冲击变量构造及说明

变量表达式	相关说明	系数表达式
$P_{oil,t}$	布伦特石油价格自然对数	
$R_{oil,t}$	欧洲布伦特石油价格增长率; 自然对数序列取一阶差分所得	b
$R_{oil,t}^{+} = \max(0, R_{oil,t})$	石油价格上涨冲击;	b^{+}
$R_{oil,t}^{-} = \min(0, R_{oil,t})$	石油价格下跌冲击;	b^{-}
$NetR_{oil,t}^{+} = \max(0, P_{oil,t})$ $- \max(P_{oil,t-1}, P_{oil,t-2}, P_{oil,t-3})$	净油价上涨冲击:与过去 3 个月 最高油价相比的净油价增长率	b_{net}^{+}
$NetR_{oil,t}^{-} = \min(0, P_{oil,t})$ $- \min(P_{oil,t-1}, P_{oil,t-2}, P_{oil,t-3})$	净油价下跌冲击:与过去 3 个月 最高油价相比的净油价增长率	b_{net}^{-}
$SR_{oil}^{+} = \max(0, \hat{\varepsilon}_t / \sqrt{\hat{h}t})$	按照 lee 等(1995)设定,经油价波动率规模化后的油价上涨冲击	b_{scale}^{+}
$SR_{oil}^{-} = \min(0, \hat{\varepsilon}_t / \sqrt{\hat{h}t})$	按照 lee 等(1995)设定,经油价波动率规模化后的油价下跌冲击	b_{scale}^{-}

在对油价冲击是否具有非对称性的考察过程中,除了将油价冲击变量被扩展至三种不同形式的油价上涨和下跌变量并同时放在回归中予以考虑外,其他变量所代表的含义与基准模型中含义保持一致,并同样采用 GARCH 模型考虑了异方差问题。在回归基础之上,对油价在上涨和下跌时是否对我国行业股票收益率存在不对称性影响的判别,主要根据系数假设检验的 Wald 统计量来进行。在以上三种非线性冲击变量构造下,这一检验对应的原假设分别为:$b^{+} = b^{-}$、$b_{net}^{+} = b_{net}^{-}$ 和 $b_{scale}^{+} = b_{scale}^{-}$。如果拒绝原假设,表示油价冲击对该行业股票收益存在不对称性影响,不能拒绝原假设则意味着不存在油价冲击的非对称性。除了非对称性检验外,我们还在三种不同的油价非线性冲击设定下,检验了油价上涨与油价下跌对行业股票收益影响同时为零,也即油价冲击对我国行业股票不存在影响的假设检验,其对应的原假设分别为:$b^{+} = b^{-} = 0$;$b_{net}^{+} = b_{net}^{-} = 0$ 或 $b_{scale}^{+} = b_{scale}^{-} = 0$。

5.3　回归结果及分析

5.3.1　格兰杰因果关系

对油价变化率与各行业股票投资组合收益率的格兰杰因果关系检验结果如表 5.3 所示。检验中，我们将变量的滞后阶数设定为 1~4 阶，通过逐渐增加变量滞后期数的方式进行检验，这样一方面可以观察随着滞后期数的增加，油价对行业股票影响是否会发生改变；另一方面是考虑到，由于我国石油定价机制的原因，国内油价与国际在变化上存在一定的滞后期，可能导致国际油价冲击需要更长的时间才能传导至股票市场。此外，在这里的格兰杰因果关系检验中，我们还引入了可能存在的非对称性，分别增加了油价上涨冲击以及油价下跌冲击与各行业股票的格兰杰因果关系。表中给出的是因果关系检验统计量的 P 值。每一个行业中，所对应的两个原假设分别是：行业股票收益不是国际油价变化的格兰杰原因（用 $R_{it} \rightarrow R_{oil}$ 表示）和油价变化不是我国行业股票收益的格兰杰原因（表示为 $R_{oil} \rightarrow R_{it}$）。如果原假设被拒绝，意味着存在从前者到后者的格兰杰因果关系。

从不考虑非线性关系的原油价格变化率所对应的结果来看，在滞后 1 个月和 2 个月时，国际石油价格冲击与我国行业股市收益率之间基本不存在任何的关系。然而，当滞后期数增加到 4 个月时，13 个行业中，油价冲击对除农林牧渔业之外的其他行业股票均存在影响，也即是这些行业股票收益率变化的格兰杰原因；同时可以发现，采掘业股票还构成了国际油价变动的格兰杰原因。简单引入油价上涨和下跌两个非线性冲击因素之后，检验结果显示，无论滞后几阶，油价上涨冲击都基本不是我国行业股票收益率变化的格兰杰原因，显著不同于总冲击序列的检验结果；而在油价下跌冲击部分，当变量的滞后项增加到 3 期和 4 期时，该冲击序列的滞

表 5.3　　　　格兰杰因果关系检验

分行业	油价变化率 滞后阶数				油价上涨冲击 滞后阶数				油价下跌冲击 滞后阶数			
	1	2	3	4	1	2	3	4	1	2	3	4
$R_{it} \to R_{oil}$	0.373	0.170	0.307	0.253	0.505	0.613	0.813	0.692	0.505	0.078*	0.152	0.178
$R_{oil} \to R_{it}$	0.404	0.727	0.167	0.149	0.230	0.482	0.500	0.499	0.807	0.956	0.069*	0.081*
$R_{it} \to R_{oil}$	0.032**	0.017**	0.031**	0.014**	0.024**	0.045**	0.112	0.069*	0.208	0.033**	0.057*	0.047**
$R_{oil} \to R_{it}$	0.559	0.969	0.036**	0.016**	0.169	0.577	0.259	0.251	0.720	0.802	0.011**	0.005***
$R_{it} \to R_{oil}$	0.130	0.099*	0.174	0.135	0.201	0.359	0.578	0.442	0.231	0.068*	0.119	0.153
$R_{oil} \to R_{it}$	0.518	0.875	0.060*	0.039*	0.165	0.454	0.383	0.406	0.798	0.855	0.008***	0.005***
$R_{it} \to R_{oil}$	0.139	0.110	0.158	0.160	0.212	0.358	0.525	0.535	0.222	0.082*	0.128	0.166
$R_{oil} \to R_{it}$	0.484	0.881	0.023**	0.024**	0.097*	0.335	0.160	0.214	0.670	0.791	0.005**	0.005**
$R_{it} \to R_{oil}$	0.391	0.188	0.306	0.244	0.452	0.485	0.713	0.586	0.527	0.145	0.236	0.268
$R_{oil} \to R_{it}$	0.756	0.890	0.138	0.092*	0.270	0.579	0.565	0.516	0.587	0.705	0.022**	0.017**
$R_{it} \to R_{oil}$	0.108	0.069*	0.126	0.123	0.155	0.237	0.399	0.358	0.224	0.071*	0.135	0.190
$R_{oil} \to R_{it}$	0.314	0.731	0.100	0.043**	0.108	0.359	0.399	0.371	0.887	0.957	0.014**	0.007**
$R_{it} \to R_{oil}$	0.105	0.077*	0.150	0.059	0.160	0.250	0.445	0.249	0.222	0.084*	0.161	0.111
$R_{oil} \to R_{it}$	0.584	0.881	0.058*	0.040**	0.250	0.454	0.337	0.340	0.849	0.918	0.013**	0.010***
$R_{it} \to R_{oil}$	0.178	0.177	0.308	0.185	0.315	0.549	0.762	0.520	0.252	0.108	0.202	0.186

续表

分行业	油价变化率 滞后阶数				油价上涨冲击 滞后阶数				油价下跌冲击 滞后阶数			
	1	2	3	4	1	2	3	4	1	2	3	4
$R_{oil} \rightarrow R_{it}$	0.403	0.779	0.059*	0.038**	0.166	0.425	0.336	0.396	0.944	0.979	0.014	0.007***
$R_{it} \rightarrow R_{oil}$	0.364	0.152	0.250	0.351	0.274	0.313	0.540	0.662	0.799	0.127	0.194	0.299
$R_{oil} \rightarrow R_{it}$	0.047	0.125	0.030**	0.044**	0.020	0.082*	0.087**	0.119	0.268	0.382	0.054*	0.084*
$R_{it} \rightarrow R_{oil}$	0.087*	0.097**	0.182	0.114	0.112	0.185	0.314	0.227	0.203	0.172	0.291	0.292
$R_{oil} \rightarrow R_{it}$	0.552	0.860	0.177	0.060*	0.243	0.641	0.690	0.560	0.897	0.768	0.029***	0.009***
$R_{it} \rightarrow R_{oil}$	0.210	0.179	0.261	0.191	0.300	0.451	0.621	0.507	0.318	0.153	0.239	0.241
$R_{oil} \rightarrow R_{it}$	0.489	0.689	0.049**	0.025**	0.258	0.532	0.403	0.393	0.944	0.832	0.011**	0.005**
$R_{it} \rightarrow R_{oil}$	0.195	0.236	0.398	0.358	0.440	0.699	0.890	0.701	0.203	0.154	0.275	0.364
$R_{oil} \rightarrow R_{it}$	0.894	0.864	0.028**	0.036**	0.408	0.568	0.130	0.175	0.567	0.736	0.025**	0.035**
$R_{it} \rightarrow R_{oil}$	0.099*	0.117	0.216	0.159	0.135	0.294	0.508	0.390	0.217	0.108	0.202	0.223
$R_{oil} \rightarrow R_{it}$	0.375	0.786	0.102	0.048**	0.157	0.422	0.420	0.407	0.901	0.937	0.023**	0.010***

注：表中数值为格兰杰因果检验得到的 P 值；$R_{it} \rightarrow R_{oil}$ 代表原假设为 "行业股票收益率不是国际石油价格变化率格兰杰因果关系" 的检验，$R_{oil} \rightarrow R_{it}$ 则代表原假设为 "国际油价冲击不是我国行业股票收益率变化格兰杰因果关系" 的检验，拒绝原假设代表变化存在从前者到后者的格兰杰因果关系。

***、**、* 分别表示在 1%、5% 和 10% 的水平上显著。

后项对我国行业股票收益率存在很强的解释力。这一结果初步显示，在我国股票市场上可能存在油价冲击影响的非对称效应。

格兰杰因果关系检验虽然得到了一些较有意义的结果，但仅是一种统计假设检验，不能明确出油价冲击对行业股市的影响幅度，也很难从中对比出更多的行业差异，需要进一步通过回归分析来研究油价对我国股市的冲击效应，尤其是对非对称效应的检验。

5.3.2 油价冲击对行业股票影响结果分析

基准多因子回归结果如表 5.4 所示。首先，在针对各个行业股票收益所进行的回归中，GARCH（1，1）有效解决了可能存在的异方差问题：针对回归残差项而进行的 ARCH – LM 检验（结果如最后一列所示），基本都不显著。其次，油价冲击变量的回归系数结果显示，国际石油价格变化对中国股票市场中的农林牧渔业、采掘业、制造业、交通运输仓储业、信息技术业、批发零售业、房地产业、社会服务业和综合类 9 个部门的股票投资组合收益，存在显著正向影响，而对电力水等生产供应业、建筑业、金融保险业、传播和社会文化 4 个行业股票投资收益影响不明显。另外，9 个显著受油价变化影响的行业，在冲击响应幅度上存在较大的区别：受国际石油价格冲击影响幅度最大的当属采掘业股票，其系数值为 0.168，其次是制造业和交通运输仓储业股票，系数分别为 0.106 和 0.10；对油价冲击响应唯一显示为负向的是金融保险业股票，但其系数并不显著。

从基准模型回归结果中还可以发现，过滤掉油价变化影响之后的我国股票市场收益率，也即变量 SSE_t^0，对所有 13 个行业股票收益都存在非常显著的影响，这说明除油价冲击之外的其他一些共同因素，对不同行业股票收益普遍存在一定影响。此外，回归所得到的 ARCH 项和 GARCH 项的系数 β 和 γ 也非常显著，这两项的回归系数值显示，大部分行业股票的收益具有条件方差较小、波动持续性强的特征。

表 5.4　　　　　　　　　油价冲击的基准多因子模型回归结果

行业	R_{oil}, t	SSE_t^0	D_t	β	γ	Adj. R_2	ARCH – LM
农林牧渔业	0.081 * (0.048)	1.026 *** (0.049)	0.026 (0.011)	0.126 *** (0.043)	0.841 *** (0.055)	0.544	5.473
采掘业	0.168 *** (0.041)	1.118 *** (0.051)	0.015 (0.010)	0.191 *** (0.052)	0.801 *** (0.043)	0.697	2.385
制造业	0.106 *** (0.035)	1.051 *** (0.038)	0.020 ** (0.009)	0.154 *** (0.041)	0.829 *** (0.044)	0.726	3.602
电力热力水 生产供应业	0.044 (0.028)	1.055 *** (0.029)	0.005 (0.006)	0.241 *** (0.043)	0.741 *** (0.052)	0.722	2.653
建筑业	0.043 (0.034)	1.051 *** (0.047)	0.020 ** (0.009)	0.138 *** (0.053)	0.832 *** (0.058)	0.717	2.529
交通运输仓储业	0.100 *** (0.020)	1.010 *** (0.030)	– 0.003 (0.007)	0.324 *** (0.051)	0.684 (0.038)	0.751	3.666
信息技术业	0.097 *** (0.037)	1.155 *** (0.046)	0.018 ** (0.008)	0.666 *** (0.164)	0.339 *** (0.086)	0.651	4.509
批发零售业	0.088 *** (0.033)	1.073 *** (0.035)	0.010 (0.009)	0.149 *** (0.036)	0.856 *** (0.037)	0.687	8.191 *
金融保险业	– 0.023 (0.053)	1.219 *** (0.056)	0.009 (0.009)	0.067 * (0.035)	0.843 *** (0.097)	0.732	1.314
房地产业	0.104 *** (0.038)	1.102 *** (0.054)	0.011 (0.009)	0.157 (0.108)	0.760 *** (0.151)	0.713	1.267
社会服务业	0.087 *** (0.033)	1.089 *** (0.040)	0.010 *** (0.006)	0.577 *** (0.160)	0.348 *** (0.128)	0.691	3.511
传播文化业	0.002 (0.080)	1.086 *** (0.073)	0.010 (0.015)	0.082 * (0.044)	0.863 *** (0.066)	0.475	0.947
综合类	0.148 *** (0.028)	1.162 *** (0.035)	0.015 ** (0.007)	0.400 *** (0.105)	0.535 *** (0.121)	0.727	4.275

注：常数项结果予以省略；括号内为标准差。在考虑解决可能存在的异方差问题时，采用 GACH（1，1）模型对回归残差项进行刻画；ARCH – LM 检验滞后期数据信息准则（AIC）选择为 4 个月；模型估计采用了极大似然（Maximum Likelihood，MLE）估计法。*** 、** 、* 分别表示在 1%、5% 和 10% 的水平上显著。

5.3.3　油价冲击的非对称性效应检验

引入非线性变化后的油价对各行业股票收益冲击检验结果如表 5.5 所示。其中，1、2、3 分别对应的是采用油价上涨与下跌冲击、净油价上涨与下跌冲击及规模化油价上涨与下跌冲击变量的回归结果。

首先，从表中第二列和第三列所给出的结果来看，国际石油价格上涨对我国制造业、电力热力水生产及供应业、房地产业和综合类等 4 个行业股票投资组合收益率存在显著正向影响，其中对房地产业股票影响程度最大，数值为 0.208。石油价格下跌冲击则对采掘业和信息技术、批发零售业股票收益率存在一定正向影响效应，并且对采掘业的影响最大，系数值达 0.216。这里的结果与格兰杰因果检验所得结果存在不同，说明统计意义上的领先滞后关系与实际的经济意义存在一定差别。

表 5.5　　　　　　　　　油价对行业股票的非对称性冲击检验

行业	回归系数					
	1		2		3	
	$R_{oil,t}^{+}$	$R_{oil,t}^{-}$	$NetR_{oil,t}^{+}$	$NetR_{oil,t}^{-}$	CR_{oil}^{+}	CR_{oil}^{-}
农林牧渔	0.066 (0.091)	0.097 (0.082)	0.086 (0.095)	0.138 * (0.080)	0.001 (0.009)	0.012 (0.007)
采掘业	0.120 (0.070)	0.216 ** (0.084)	0.093 (0.080)	0.228 ** (0.094)	0.016 ** (0.006)	0.018 ** (0.007)
制造业	0.116 * (0.064)	0.093 (0.061)	0.115 (0.076)	0.128 (0.063)	0.008 (0.006)	0.012 ** (0.005)
电力热力水 生产供应业	0.110 ** (0.046)	−0.037 (0.055)	0.092 * (0.048)	−0.031 (0.059)	0.007 (0.005)	0.003 (0.005)
建筑业	0.105 (0.067)	−0.027 (0.065)	0.085 (0.068)	0.035 (0.060)	0.004 (0.007)	0.009 (0.006)

行业	回归系数					
	1		2		3	
	$R_{oil,t}^{+}$	$R_{oil,t}^{-}$	$NetR_{oil,t}^{+}$	$NetR_{oil,t}^{-}$	CR_{oil}^{+}	CR_{oil}^{-}
交通运输仓储	0.060 (0.049)	0.143 (0.039)	0.082 (0.053)	0.155 *** (0.036)	0.000 (0.006)	0.017 *** (0.003)
信息技术	0.058 (0.059)	0.151 * (0.079)	0.067 (0.060)	0.169 * (0.088)	0.001 (0.007)	0.018 *** (0.006)
批发零售	0.064 (0.064)	0.113 * (0.062)	0.098 (0.070)	0.150 ** (0.064)	0.003 (0.008)	0.013 ** (0.006)
金融保险	-0.066 (0.106)	0.019 (0.078)	-0.029 (0.124)	0.070 (0.081)	0.004 (0.012)	-0.012 (0.007)
房地产业	0.208 *** (0.094)	-0.026 (0.080)	0.221 ** (0.098)	0.054 (0.069)	0.014 (0.009)	0.007 (0.007)
社会服务	0.104 (0.063)	0.067 (0.068)	0.069 (0.068)	0.123 (0.050)	0.009 (0.008)	0.014 ** (0.006)
传播文化	-0.135 (0.155)	0.124 (0.140)	-0.142 (0.196)	0.037 (0.132)	-0.013 (0.018)	0.021 (0.014)
综合类	0.187 *** (0.056)	0.096 (0.065)	0.025 *** (0.060)	0.116 * (0.066)	0.008 (0.006)	0.014 ** (0.006)

注：表中仅给出了油价上涨和下跌冲击变量的回归系数结果；扣除油价冲击后的市场收益变量 SSE_t^0，及控制结构性变化问题的虚拟变量 D 的回归结果予以省略。1、2、3 分别对应三种不同的非线性油价变化形式；$b^+ = b^- = 0$ 和 $b^+ = b^-$ 两个约束条件的 Wald 检验服从 $\chi^2(m)$ 分布，m 为约束条件个数。括号内给出的是回归系数的标准差；*** 、** 、* 分别表示在 1% 、5% 和 10% 的水平上显著。

其次，如果将当期油价与过去三个月的最高、最低价格相比，此时回归结果显示油价上涨对制造业股票收益的影响不再显著，对电力水等生产及工业、综合类股票的影响系数发生了一定的下降，但对房地产业的影响程度有所提升。而净油价下跌变量对采掘业、信息技术和批发零售业股票收益的不利影响程度稍大于油价下跌冲击变量，并且对农林牧渔业、交通运输和综合类股票也存在一定程度的影响。从油价上涨和下跌变化、净油价上涨和下跌这两组变量的构造和经济含义来说，如果冲击效应确定存在，那么后者所引起的影响幅度应该大于前者，这一点也在表 5.5 的结果中得到一定的体现，尤其是油价下跌部分。

最后，表 5.5 后两列给出了考虑油价波动率影响后的规模化油价上涨及下跌冲击。回归结果显示，规模化油价上涨变量仅对采掘行业股票存在同向影响；规模化油价下跌变量对采掘业、制造业、交通运输、信息技术、社会服务和综合类等 6 个行业股票存在显著同向冲击。

综合三种不同非线性油价衡量方式回归所得结果来看，在回归系数上，油价下跌对采掘业、信息技术业和批发零售行业股票存在较一致的显著影响，同时结果一致显示油价冲击对建筑业、金融保险业和传播文化业股票不存在任何显著影响。

在上述回归结果基础上，我们在每一种非线性油价冲击衡量方式下，对油价变化是否对我国各行业股票收益不存在影响以及油价上涨和下跌对各行业影响是否存在显著差别，进行了检验。表 5.6 给出了相应的 Wald 检验统计量结果。这里油价上涨与下跌冲击效应同时为零的假设检验结果，验证了油价冲击对建筑业、金融保险业和传播文化等 3 个行业股票收益不存在任何影响。检验结果还显示，无论以哪种方式衡量的油价上涨与下跌也均对农林牧渔业股票不存在影响；并且，除了第一种衡量方式外，净油价变化与规模化油价变化对电力热力水生产及加工业股票收益率也不存在影响。除以上 5 个行业外，检验结果显示油价变化对其他 8 个行业股票收益存在显著冲击效应，尤其是对采掘业和交通运输仓储业股票的影响非常显著。

表5.6 油价对行业股票冲击的非对称性检验

行业 \ 原假设	Wald 检验统计量					
	1		2		3	
	$R_{oil,t}^+ = R_{oil,t}^- = 0$	$R_{oil,t}^+ = R_{oil,t}^-$	$NetR_{oil,t}^+ = NetR_{oil,t}^- = 0$	$NetR_{oil,t}^+ = NetR_{oil,t}^-$	$CR_{oil}^+ = CR_{oil}^- = 0$	$CR_{oil}^+ = CR_{oil}^-$
农林牧渔业	2.925	0.048	2.162	0.153	1.562	0.607
采掘业	16.147***	0.544	4.459**	0.985	10.74***	0.045
制造业	8.622**	0.047	3.906**	0.015	4.759***	0.206
电力热力水生产供应业	5.882*	3.114*	1.874	2.348	1.733	0.169
建筑业	2.581	1.340	1.107	0.266	2.206	0.192
交通运输仓储业	29.145***	1.125	16.45***	0.945	19.35***	4.693**
信息技术业	7.110**	0.657	2.74*	0.831	5.801***	2.409
批发零售业	7.416**	0.209	4.413**	0.257	4.235**	0.635
金融保险业	0.389	0.324	0.376	0.386	1.354	0.894
房地产业	6.293**	2.286	3.626**	1.536	3.008*	0.250
社会服务业	6.670**	0.108	4.239**	0.331	5.882***	0.181
传播文化业	1.088	1.086	0.274	0.490	1.075	1.474
综合类	26.851***	0.735	13.12***	1.808	7.794***	0.328

注：1、2、3分别对应三种不同的非线性油价变化形式；***、**和*分别表示在1%、5%和10%的显著性水平下拒绝原假设。

表 5.6 的第三、第五和第七列分别给出了三种设定下，油价上涨与下跌冲击对各行业影响是否存在不对称性的检验结果。从中发现，在第一种非线性变化中，油价变化率仅在 10% 的显著性水平下对电力热力水生产及供应业股价存在一定的不对称性冲击；在规模化油价变化结果中，油价上涨和下跌在 5% 的显著性水平上对交通运输仓储业股票收益存在不对称性影响。然而我们注意到，如果变化非线性油价冲击衡量方式，上述两个拒绝油价上涨与下跌冲击影响无差异结果并不具有稳健性。除上述两个结果外，不存在任何其他油价上涨与下跌冲击对行业收益影响有所差异的证据。

总结来看，引入非线性油价冲击后的回归结果显示，国际石油价格变化对我国多个行业股票收益的回归中系数显著为正，而且基本出现在油价下跌部分。但是，非对称假设检验结果却表明，没有一个行业能够一致地拒绝油价上涨与下跌回归对其冲击系数相等这一假设。因此，可以认为油价冲击对我国行业股票收益的影响不存在非对称性，显著有别于阿鲁里（2011）对欧洲行业股市分析所得到的结果。

5.4　本章小结

本章继续从中国股票市场行业层面出发，借助格兰杰因果关系检验和多因子回归模型，详细考察了国际石油价格冲击对我国不同行业股票收益率的影响效应；并且引入三种不同的油价冲击非线性变化，进一步探讨了油价在上涨和下跌过程中，是否存在对一些行业股票收益影响不对称的情况。

回归结果表明，国际石油价格变化对我国采掘业、制造业、信息技术业和批发零售业、房地产行业、社会服务业以及综合类等 8 个行业股票收益存在显著影响，其中对采掘业股票的冲击幅度最大。而油价冲击对我国农林牧渔业、电力热力和水等生产及加工业、建筑业、金融保险业和传播文化业股票收益不存在显著一致影响。这意味着，在受到国际油价下跌冲击时，我国股票市场投资者可以通过构造投资组合规避该风险。非对称性分析结果表明，在油价变化与我国行业股市的短期关系中，基本不存在任何的不对称效应，油价上升和下跌对我国各行业股票投资组合收益的影响没有显著差别。

需要强调的是，就油价冲击对采掘业等 8 个行业股票收益的正向影响来看，这与第三章中我们对能源相关类行业的分析结果以及李等（2012）基于面板协整模型分析所得到的油价对我国行业股票的影响，保持一致。此外，达格和哈里（2013）也在其研究中发现，油价冲击对黎巴嫩股票市场存在正向影响。因此，本书所得到的油价对股市的正向冲击效应并非偶然。

我们认为出现正相关这一结果的可能原因有以下几个：（1）油价变化对我国多数行业收益的冲击，跟与能源关系密切行业所受油价冲击影响的效应有关。分析结果显示，油价冲击对采掘业和交通运输业股票的影响最为显著，而这两者或与石油的投入产出关系较为密切，或与石油的替代能源关系密切。同时，第 4 章中就油价冲击与我国股市行业特征的分析结果也表明，我国股票市场存在冲击的行业传导特征。（2）与我国宏观经济对国际油价冲击的响应方向有关。如杜等（2010）通过研究发现，油价下跌对中国经济增长和通货膨胀存在显著的同向影响。（3）油价变化与股市收益率的正相关关系也可能是受我国强劲的经济发展势头和不断扩张的需求影响。如基利安和帕克（2009）研究中发现，非预期的全球经济扩展带来的石油价格上涨对股票收益存在持续的正向影响，认为这是因为扩张性经济周期的刺激作用大于高油价对经济的拖累。

第 6 章

石油价格、宏观经济变量与
股票收益关系分析

6.1 引言

在近几十年的社会发展过程中，受工业化、现代化和城镇化等因素驱动，全球石油需求不断增加，与此相对应的是日益减少的总储量。作为天然形成的不可再生资源，石油又具有短期难以被其他类型能源所替代的特性。因此，从基本的需求和供给理论来讲，石油价格上涨是一种必然趋势。这一点也已经在第二次世界大战之后至今的石油价格变化趋势中得到一定体现。石油安全、石油价格波动可能对经济造成的影响也逐渐受到很多国家的重视。汉密尔顿（1983）指出第二次世界大战以后美国 8 次经济衰退中有 7 次发生在国际石油价格大幅上涨之后，在随后的另一篇研究中，汉密尔顿（Hamilton，2011）认为第二次世界大战后在美国的 10 次经济衰退中，有 9 次是伴随着油价大幅上涨而发生的。除此之外，大量实证研究发现，石油价格冲击对美国经济增长、对欧洲、亚洲等一些地区和国家的经济增长存在不同程度的显著影响。当前，石油价格变化对经济增长存在重要影响，成为学术界所普遍认同的观点。国际油价波动开始作为一种重要的宏观经济冲击因素，被许多国家经济政策制定者们所关注。从一般性观点来看，宏观经济周期是股票市场发展的重要驱动因素，因而油价冲击是否能够以及如何通过宏观经济变量而影响股票市场收益也成了值得关注的一个问题。

在前述的研究中我们发现，国际石油价格变化对中国能源类股票和采掘业等行业股票存在显著正向影响，这与理论分析和较多针对发达国家的实证研究所发现的油价对股票市场存在负向冲击所不一致。那么，导致两者出现正向关联的原因是什么？宏观经济变量在其中扮演何种角色？油价冲击对我国宏观经济、宏观经济对我国股市的影响如何？从长期和短期两个角度尝试回答这些问题，是本章研究的重点之一。

另外，在近几年的文献研究中，我们发现还存在这样一种观点：引起石油价格变化的来源不同，可能会对油价冲击与经济之间的关系造成一定的影响（如 Kilian，2009；Kilian & Park，2009；Apergis & Miller，2009；Archanskaïa，2012）；Degiannakis，2013；Gupta & Modise，2013；Cunado & de Gracia，2014）。上述学者将石油价格变化来源区分为石油供给冲击、石油需求冲击等不同类型，研究发现由需求和供给等不同原因所导致的国际石油价格变化，对宏观经济和股市的影响有差异性，并且可能使得油价上涨与股票收益之间出现正相关关系。但已有的这一类型的研究基本都是针对发达国家而进行的，还很少有学者就不同原因所导致的油价冲击对我国经济体的影响进行分析和探讨。因此，在本章的分析中，我们还将借助于这一研究思路，在常规分析的基础上探讨不同类型油价冲击对我国宏观经济和股市收益率的影响效应。

概况来讲，本书的研究思路是，首先分别对油价冲击与中国宏观经济增长、宏观经济增长与我国股票市场以及油价、经济增长和股市的长期关系进行分析；然后在长期关系确认的基础上引入更多的宏观经济变量，对油价冲击与我国股市、宏观经济变量三者之间的短期动态关系进行分析。与以往研究有所不同的是，在长期关系探讨中，我们一方面引入非对称协整模型对油价与经济增长关系进行了探讨；另一方面，考虑了宏观经济与股市及油价之间可能存在的结构性变化问题。在短期关系分析中，我们还分别考察了石油需求冲击和石油供给冲击对股市及宏观经济变量的影响效应。

本章余下部分的结构安排如下：第二部分是关于变量选取的介绍，第三部主要分析国际石油价格变化与我国经济增长的关系，第四部分中将探讨我国宏观经济变量与股市及国际石油价格三者之间的关系，第五部分则引入油价供给与需求冲击变量，分析不同类型原因所导致的油价变化对我国经济体的影响，第六部分为本章小结。

6.2 变量选取及处理

这里同样采用了来自 EIA 网站的布伦特原油价格作为国际石油价格的代表，并选用我国 GDP 季度数据衡量宏观经济增长情况。考虑到石油价格冲击可能会通过通货膨胀率和货币政策等渠道影响我国经济，参照库纳多和格雷西亚（Cunado & de Gracia，2014）等研究，本章所采用的宏观经济变量指标除了 GDP 外，还包括了以一年期短期贷款利率所衡量的短期利率、居民消费价格指数 CPI 和货币供应量。CPI 指标主要是用来衡量通货膨胀率，货币供应量具体选用的是狭义货币 M1。在我国股票市场衡量指标上，选取的是上证综合指数。[①] 本部分的研究区间为 1993 年至 2012 年。数据频率为季度。

获得原始数据后，我们对各指标进行了相应的处理与检验。首先对上证综指、布伦特油价和剔除季节性因素后的 GDP、CPI、货币供应量等原始数据取自然对数得到其水平值，并进一步取一阶差分得到变化率序列。对 CPI 取差分后的指标这里定义为通货膨胀率。在对短期利率的处理中，我们只对其取一阶差分，得到变化量。其次，还对主要变量的水平值与增

---

① 我们在文章分析过程中同时也考虑了以深圳成指为我国股市代表的情况，结果与上证综指差别不大，因此结果予以省略。

值率序列进行了单位根检验。结果如表 6.1 所示。

表 6.1　　　　　　　　　　　　单位根检验

变量处理	指标名称	符号表示	ADF 检验		PP 检验	
			统计量	P 值	统计量	P 值
水平值	石油价格	lnoil	− 0.782	0.819	− 1.230	0.658
	上证综指	lnsse	0.582	0.840	0.602	0.845
	GDP	lngdp	− 0.866	0.794	− 1.400	0.578
一阶差分	石油价格变化率	goil	− 7.265	0.000	− 7.285	0.000
	上证综指收益率	gsse	− 9.837	0.000	− 9.837	0.000
	GDP 增速	gy	− 4.698	0.000	− 4.572	0.000
	利率变化	dint	− 6.474	0.000	− 6.385	0.000
	通货膨胀率	Inflation	− 3.080	0.032	− 2.984	0.041
	货币供应量增速	gm1	− 7.224	0.000	− 7.359	0.000

注：表中水平值指对原始序列取自然对数，一阶差分表示增长率序列。

ADF 检验和 PP 检验结果均显示，GDP、上证综合指数和布伦特石油价格这三个指标的水平值都含有单位根过程，但是取一阶差分后的检验结果显示其是平稳的，说明这三个变量为一阶单整过程，可以对其长期关系进行检验。对其他三个宏观经济变量而言，一阶差分后的单位根检验结果显示，利率变化、通货膨胀率和货币供应量增速三者也都满足平稳性要求。由于后三个变量只在短期分析中使用，因此这里并未给出其水平值的检验结果。

6.3　石油价格与我国经济增长关系分析

目前已经有较多学者就国际石油价格冲击与中国宏观经济关联性进行了分析。虽然有研究认为石油价格上涨对我国经济增长和通货膨胀、一般价格水平等存在不利影响（Fan，2007），但也有学者研究发现油价冲击与我国宏观经济变量之间存在正相关关系。如杜等（2010）发现石油价格冲击对中国经济增长和通胀率存在正向影响，法里亚等（2009）发现石油价格变化对我国出口存在正向影响。还有一些研究结果间接表明，存在国际石油价格对我国经济体存在正向影响的机制与可能性。林伯强与牟敦国（2008）虽然研究发现能源价格上升对中国经济增长有紧缩作用，但同时认为这一冲击还能够推动我国产业结构进行调整，范等（2007）也在其研究中指出，技术进步可有效减少油价的不利冲击。这意味着，在长期可能出现油价冲击与我国经济增长存在正相关，并可能存在非对称性。鉴于此，在本节分析中我们侧重于从长期关系角度出发，首先对国际石油价格冲击与我国经济增长之间的关系进行检验。

表 6.2 中给出了油价变化率与我国 GDP 增速之间的格兰杰因果检验结果。除了石油价格变化率外，同时还考虑了非线性转换后的石油价格上涨和净石油价格上涨两个指标 R_{oil}^+ 和 $NetR_{oil}^+$。在检测中我们分别考察了变量滞后 1~4 阶的情况，发现改变滞后阶数对结果没有实质性影响，因此表中仅给出了滞后 2 阶和 4 阶的结果。检验结果显示，国际石油价格变化是我国 GDP 增速的格兰杰原因，但反向关系不成立；除此之外，非线性油价变化率与 GDP 增速之间不存在其他任何因果关系。这说明油价变化与我国 GDP 增速之间的短期关系可能比较弱，或者有一定的差异。这里我们的关注重点在于两者的长期关系分析，因此不再进行油价变化对经济增速的短期回归分析。

表 6.2 格兰杰因果关系检验

原假设	F 统计量	
	滞后 2 阶	滞后 4 阶
国际油价变化不是我国 GDP 增速变化的格兰杰原因	4.748 **	3.576 **
我国 GDP 增速变化不是国际油价变化的格兰杰原因	0.086	0.172

续表

原假设	F 统计量	
	滞后 2 阶	滞后 4 阶
油价上涨冲击不是我国 GDP 增速变化的格兰杰原因	1.829	0.925
我国 GDP 增速变化不是油价上涨冲击的格兰杰原因	2.018	0.876
净油价上涨冲击不是我国 GDP 增速变化的格兰杰原因	0.719	0.651
我国 GDP 增速变化不是净油价上涨冲击的格兰杰原因	0.208	0.213

注：** 表示在 5% 显著性水平下拒绝原假设。

在长期关系分析中最常用的方法是协整检验，具体包括 Johansen 协整检验方法和基于回归残差项的两步检验方法（又称 EG 两步法）。我们先基于这两种方法，对国际原油价格与我国 GDP 之间是否存在长期均衡关系进行了检验，并称之为标准或传统协整检验。结果如表 6.3 所示。发现，在基于回归残差项的两步法检验结果中，根据 5% 显著性水平下的判断标准来看，无论是 ADF 还是 KPSS 单位根检验，都表明两者之间不存在均衡关系；然而约翰森（Johansen）协整检验的结果却显示，国际石油价格和我国 GDP 之间存在协整关系。这里两种方法所得到的协整向量大小很相似，都显示油价与 GDP 之间相关关系为正，并且协整向量基本为 1 比 1 的关系，在是否存在协整关系问题上，两者却存在很大的争议。我们认为检验结论的不同，在一定程度上显示了传统长期分析结果可能存在误差，因此有必要基于不同方法进一步对两者之间的长期关系进行验证。

表 6.3　　　　　　　　传统协整检验结果

	基于回归残差的检验		Johansen 检验	
	ADF 检验	KPSS 检验	迹统计量	极大特征值统计量
统计量	−3.143	0.386	17.40	17.36
5% 临界值	−3.416	0.314	15.50	14.27
协整向量	(1，−1.006)		(1，−1.033)	

在已有研究中，拉迪克和米诺（Lardic & Mignon，2006，2008）基于非对称协整模型分析发现，油价与欧美等发达国家的经济增长之间存在着显著的非对称长期关系，而传统协整模式分析却表明两者之间不存在均衡关系。这意味着在长期关系中引入非对称性可能也是很重要的。因此，这里我们借助于舍尔德（Schorderet，2003）所提出的非对称性协整模型，来进一步探讨我国经济增长与国际石油价格冲击之间是否存在均衡关系。

就方法而言，舍尔德（2003）所提出的非对称协整的基本思路是：把服从随机游走过程的时间序列 y_t，分解为正向增量累计和 y_t^+ 与负向增量累计和 y_t^- 两个部分，也即：

$$y_t^+ = \sum_{i=0}^{t-1} 1(\Delta y_{t-i} > 0)\Delta y_{t-i} \qquad (6.1)$$

$$y_t^- = \sum_{i=0}^{t-1} 1(\Delta y_{t-i} < 0)\Delta y_{t-i} \qquad (6.2)$$

结合我们研究的问题，可以令 $y_t = (gy_t, goil_t)'$。上述两个由累计增量生成的和数，都含有线性趋势，是单位根过程。按照舍尔德的研究，如果存在列向量 $\beta' = (\beta_1, \beta_2, \beta_3, \beta_4)$，$\beta \neq 0$，使得变量 gy 和 goil 的正向与负向增量累计和数能够由一个满足平稳性的线性组合来表示，也即：

$$Z_t = \beta_1 gy_t^+ + \beta_2 gy_t^- + \beta_3 goil_t^+ + \beta_4 goil_t^- \qquad (6.3)$$

其中 Z_t 是一个平稳过程，那么就意味着国际石油价格与我国 GDP 这两个变量之间存在非对称的协整关系，也即在分别受到正向与负向冲击时，这两个变量之间可能存在不一样的长期均衡关系。

在具体的操作过程中，舍尔德（2003）指出可以将上面的线性组合转化为：$Z_{1t} = gy_t^+ - \beta^+ goil_t^+$ 和 $Z_{2t} = gy_t^- - \beta^- goil_t^-$ 两个部分。不过由于 Z_{it} 具有非线性特征，在样本有限情况下进行的最小二乘回归结果将是有偏的，因此舍尔德通过证明指出可以通过下面这两个辅助回归来实现对非对称关系的检验：

$$gy_t^- + \Delta gy_t^+ = \alpha^- + \beta^- goil_t^- + \varepsilon_{1t} \qquad (6.4)$$

$$gy_t^+ + \Delta gy_t^- = \alpha^+ + \beta^+ goil_t^+ + \varepsilon_{2t} \qquad (6.5)$$

在进行（6.4）和（6.5）两个辅助回归基础上，分别对残差序列进行单位跟检验，如果 ε_{1t} 和 ε_{2t} 是平稳项，说明其对应的序列和数存在协整关系。

非对称协整模型的检验结果如表6.4所示。表的上半部分给出了两个辅助回归中残差项的平稳性检验结果。单位根检验分别采用了 ADF 和 KPSS 两种方式。两种检验方法的原假设相反，前者原假设为序列存在单位根，后者原假设为序列是平稳过程、不存在单位根。鉴于 ADF 检验可能存在低功效（Low Power）问题，这里主要以 KPSS 检验结果为准进行相应的判定和分析。表下半部分给出的是在油价下跌和上涨时与我国经济增速之间的长期关系系数。

表6.4　　　　　　　　　　　　**非对称协整检验结果**

辅助回归1 $gy_t^- + \Delta gy_t^+ = \alpha^- + \beta^- goil_t^- + \varepsilon_{1t}$		辅助回归2 $gy_t^+ + \Delta gy_t^- = \alpha^+ + \beta^+ goil_t^+ + \varepsilon_{2t}$	
ADF 检验	KPSS 检验	ADF 检验	KPSS 检验
− 2.698	0.219	− 3.796*	0.132
长期关系			
常数项	斜率项	常数项	斜率项
0.053	0.013	8.077	0.414
(0.005)	(0.002)	(0.061)	(0.011)
[0.007]	[0.003]	[0.111]	[0.019]

注：在残差项进行单位根检验时，ADF 检验法和其临界值在这里仍然适用；ADF 原假设为存在单位根，KPSS 原假设为不存在单位根过程。由于两个辅助回归得到的残差项之间存在自相关性，OLS 回归中得到标准差不再适用，因此采用 Newey – West（1987）方法对其进行了调整；（）内给出的数值为原始标准差，[ ] 内给出的是调整后的标准差。

结果显示，在油价下跌部分（辅助回归1），ADF 检验结果不能拒绝残差项存在单位根的原假设，但 KPSS 结果同时也不能拒绝该回归的残差项为平稳序列的原假设。由于比较倾向于采用 KPSS 检验的结果，可以认为在油价下跌部分，我国经济增长与国际石油价格之间存在长期均衡关系。结合表 6.4 下半部分所给出的系数值来看，两者之间的长期调整系数为 0.013，表明如果油价下跌 1%，我国经济增速下降 0.013%。在油价上涨部分（辅助回归 2）的残差项 ε_{2t} 单位根检验结果中，无论是 ADF 检验还是 KPSS 检验，同时都表明该序列的平稳过程，从而意味着在油价上涨时，国际石油价格与我国 GDP 之间明确地存在长期协整关系。长期关系系数显示，如果油价上调 1%，我国经济增长速度将上调 0.414%。

如果对表 6.4 中左右两边关于油价下跌和油价上涨与我国 GDP 增长之间的关系进行比较，可发现两者既存在相同之处也存在差异。就共同点而言，一方面，在是否存在协整关系这个问题上，无论油价上涨还是下跌，答案都是肯定的，两者都与我国经济增长速度之间存在长期均衡关系；另一方面，在相关方向上，国际油价上涨和下跌都与我国经济增速之间呈现出正相关关系，说明两者在长期存在同涨同跌关系。从不同点来看，在长期关系调整系数上，油价上涨与我国 GDP 之间的相关程度远大于油价下跌与 GDP 的关系，显示出在油价上涨时其对我国宏观经济增速的冲击影响程度远大于油价下跌的冲击幅度，表明在长期关系上存在油价冲击的非对称性。

不过需要说明的是，这里油价变化与我国经济增速之间存在的正相关关系，只是显示两者在长期保持一种稳定的关系，不一定表示两者之间存在因果关系。我们认为对两者之间同向关系的理解，尤其是在油价上涨部分，有两种方式。一是，在长期中国经济增长可能会影响国际石油价格。在短期格兰杰因果关系分析中，从统计检验上来看这种关系并不存在，但是从长期来看是存在这种可能性的。如宋增基等（2009）研究证实，虽然短期内"中国因素"对世界石油价格影响不明显，但长期内对石油价格的上涨存在一定影响。二是，国际石油价格上涨在当前阶段可能不会拉低中国经济增长速度，这是因为：

首先，在受到国际石油价格上涨不利冲击时，受这一冲击影响的国家比较多，但中国之外的经济体可能受到的影响更大，从而我国具有相对优势。如法里亚等（2009）认为中国具有丰富的劳动力供给优势，油价上涨对我国工人工资的影响不大，因此引起的国内通货膨胀压力也比较小，使得油价上涨时中国出口企业所受到的不利影响将远远小于其他国家，中国企业的相对竞争力得到提高，有利于国内经济增长。

其次，我国存在着能源替代现象。从实际情况来看，中国在能源消费问题上对煤炭的消耗，不管是绝对量还是相对比例，都远远大于石油消费；如果石油价格上涨处于适度范围，那么增加石油消费，相应地增加对国际石油的进口，对我国经济增长是有利的——石油使用效率较煤炭高，造成的污染比较小，因此具有更高的经济和社会效益；如果国际石油价格大幅上涨，企业和家庭可以选择减少石油消费并增加对煤炭等传统能源的消费，从而规避油价上升带来的生活与生产成本的增加，并相应地降低了油价上涨对中国经济增长的不利影响。

最后，我国国内石油市场与国际石油市场在价格形成机制上没有完全统一，国内石油价格变化具有当局调控特征，对来自国际油价的冲击反应慢且滞后，这可能会在一定程度上控制能源价格向一般价格水平传递（林伯强，王峰，2009），弱化国际油价上涨对中国宏观经济的冲击效应。在油价下跌过程中，这里的解释也是适用的，此时中国的相对优势不再存在，相反由于国内油价调整存在滞后性，国际石油价格下跌时国内油价保持不变甚至是上涨，从而会对经济增长造成不利影响。

6.4　油价、股票收益与宏观经济变量关系分析

6.4.1　长期关系检验

虽然普遍认为股市是宏观经济状况的反映，股市的长期发展受宏观经济发展的影响，但在中国股票市场与宏观经济的关系问题上，我国学者却

持有两种相左的观点：一种观点认为我国股市与宏观经济之间存在微弱的正相关关系，另一种观点认为宏观经济与中国股市之间呈负相关关系或不存在显著的关联性。因而，理论上所来说的油价冲击能够通过影响宏观经济状况而冲击股市收益与发展这一机制，在我国现阶段发展过程中是否存在或者是否明显，还需要进行进一步研究确认。

这里先采用基于回归残差项的 EG 两步法和 Johansen 协整检验，对我国 GDP 序列与上证综指之间的长期关系进行了检验。在进行股票价格指数与 GDP 两者的水平值回归时，我们对系统的稳定性进行考察。断点检验结果显示，在两者关系中存在着结构性变化，变化时间发生在 1999 年第三季度，并且这一变化在截距项和斜率项中同时存在。因此在长期关系分析中我们引入虚拟变量 Dum 和该虚拟变量与 lngdp 的交叉项，对这一变化进行控制。

协整检验结果在表 6.5 中给出。表中第 3、4 行给出的是上证综指与 GDP 序列之间是否存在长期关系的检验统计量结果，最后两行则分别为结构性变化发生之前和发生之后所得协整向量大小，也即我国经济增长与股市发展之间的长期均衡关系系数。

表 6.5　　　　　　　　　　上证综指与 GDP 的协整检验结果

股市与 GDP 长期关系检验				
方法及统计量	EG 两步法		Johansen 检验	
	ADF 检验	KPSS 检验	迹统计量	极大特征值统计量
统计量	-5.073	0.058	35.42	30.99
5% 临界水平	-2.899	0.463	29.80	21.13
协整向量	(1，-0.715)		(1，-0.602)	
	(1，-0.551)		(1，-0.515)	

在第一种方法中，回归残差项的单位根检验结果显示，该序列满足平稳性要求，意味着在我国股市与 GDP 之间存在长期均衡关系。从均衡系

数来看，1999 年第三季度之后，股市与 GDP 之间的长期相关性有所减小，从之前的 0.715 变为 0.551。在 Johansen 检验中，不控制结构性断点问题时，检验结果显示油价与股市之间不存在长期关系；但控制这一变化后，无论是迹统计量还是极大特征值统计量，都在 5% 的显著性水平下表明存在一个协整关系，并且协整向量大小也在 1999 年前后发生了变化。在股市与 GDP 的协整向量大小问题上，结构性断点发生之前，两种方法所得结果有小幅差异，分别为 0.715 和 0.602，结构性断点发生之后比较一致，长期相关系数为 0.5 左右。

　　进一步地，我们在系统中增加国际石油价格因素，对 GDP、股市与油价长期关系进行检验。水平值回归稳定性检验同样显示系统内存在结构性突变问题，断点也为 1999 年第三季度。因此，在基于回归残差项检验的两步法协整分析中，我们在原有三变量基础上增加了 Dum、Dum × lnoil 和 Dum × lngdp 三项，对这一因素进行了考虑。表 6.6 中左侧部分检验结果显示，ADF 和 KPSS 单位根检验结果都表明回归残差项序列是平稳的，说明存在长期关系。在基于 Johansen 方法所进行的检验中，如果不考虑结构性变化问题，迹统计量结果显示不存在协整关系，但极大特征值统计量结果显示存在一个协整关系；加入结构性变化因素后，两个统计量都表明三者之间存在显著长期均衡关系。因此，综合两种方法的结果来看，可以认为三个变量之间至少存在一个长期均衡关系。

表 6.6　　　　　股市、GDP 及石油价格的协整检验结果

方法及统计量	EG 两步法		Johansen 检验	
	ADF 检验	KPSS 检验	迹统计量	极大特征值统计量
统计量	− 5.651	0.039	52.31	47.30
5% 临界水平	− 2.899	0.463	47.86	33.88

股市、GDP 与油价长期关系检验

6.4.2　短期动态关系分析

在短期，尤其考虑通货膨胀率和利率及货币供应量因素后，股市与宏观经济及国际石油价格之间的短期动态关系如何呢？文章进一步采用基于向量自回归（VAR）模型的格兰杰因果检验和脉冲响应函数进行分析。VAR 模型最早是由 Sims（1980）引入到经济学研究中的，在随后的几十年中，该模型被广泛运用于分析随机扰动是否以及如何对变量系统进行冲击，并对相互关联的时间序列进行预测。VAR 模型的基本思想是将系统内的每一个内生变量的滞后值都作为其他内生变量的解释因素来进行回归，从而构成一个对每个内生变量都等同对待的、解释变量中不含任何内生变量当期值的方程组。这一分析工具也被很多学者应用在石油价格短期冲击效应的分析中。

滞后 P 阶的多变量 VAR 模型的数学表达式为：

$$X_t = \emptyset_1 X_{t-1} + \emptyset_2 X_{t-2} + \cdots + \emptyset_p X_{t-p} + HZ_t + \varepsilon_t \tag{6.6}$$

其中，X_t 是包含多个内生变量的列向量，$\emptyset_1$，$\emptyset_2$，$\cdots$，$\emptyset_p$ 和 H 为系数矩阵，需要进行估计，Z 为外生变量所构成的向量组合，ε_t 是残差序列列向量。我们在这里构造的是一个六变量的 VAR 模型，X_t 中包含 goil、gsse、gy、gm1、dint 和 inflation。

格兰杰因果关系检验是 VAR 模型框架下的重要应用之一。我们先从这一角度，对股市收益率、国际原油价格增长率和 GDP 增速、利率、通胀率及 M1 增速之间的关系进行两两配对检验。结果在表 6.7 中共分 A、B、C 三个部分给出；分别对应了油价与其他变量、宏观经济变量与股市以及宏观经济变量内部之间等三个层面的因果关系。表中数值为各变量滞后 1~4 阶时所得到的检验统计量 P 值。可发现，无论滞后几期，国际石油价格冲击都不是我国股市收益率变化的格兰杰原因，但油价变化对我国宏观经济变量存在影响，同时宏观经济变量也是我国股市收益变化的格兰杰原因。具体地，在滞后 1 个季度时，国际石油价格变化是我国通货膨胀率和 GDP 增速的格兰杰原因；滞后 1 阶的 GDP 增速是上证综指收益率的格兰杰原因；当滞后期增加至 2 个季度时，国际油价变化是我国短期利率变化和通货膨胀率变化的格兰杰原因，此时利率变化是我国股市收益率变化的格兰杰原因；当滞后期增加到 3 个季度时，利率仍然是股市收益率变化的格兰杰原因，而且显著性还有所增加；当滞后期增加到 4 个季度时，结果显示油价变化在 10% 显著性水平下还是我国 GDP 增速的格兰杰原因。

表 6.7　　　　　股市、油价与宏观经济变量的格兰杰因果关系检验

	原假设	滞后期数			
		1	2	3	4
PART A	利率变化不是石油价格变化的格兰杰原因	0.912	0.880	0.597	0.700
	石油价格变化不是利率变化的格兰杰原因	0.408	0.055	0.144	0.228
	狭义货币供应量增速变化不是石油价格变化的格兰杰原因	0.795	0.834	0.706	0.757
	石油价格变化不是狭义货币供应量增速变化的格兰杰原因	0.225	0.461	0.731	0.736
	通货膨胀率变化不是石油价格变化的格兰杰原因	0.778	0.649	0.407	0.612
	石油价格变化不是通货膨胀率变化的格兰杰原因	0.042	0.085	0.186	0.566
	GDP 增速变化不是石油价格变化的格兰杰原因	0.160	0.152	0.183	0.385
	石油价格变化不是 GDP 增速变化的格兰杰原因	0.057	0.101	0.156	0.081
	股市收益率变化不是石油价格变化的格兰杰原因	0.851	0.626	0.859	0.870
	石油价格变化不是股市收益率变化的格兰杰原因	0.256	0.486	0.663	0.696
PART B	股市收益率变化不是利率变化的格兰杰原因	0.531	0.343	0.462	0.752
	利率变化不是股市收益率变化的格兰杰原因	0.124	0.024	0.028	0.317
	股市收益率变化不是狭义货币供应量增速变化的格兰杰原因	0.121	0.021	0.079	0.026
	狭义货币供应量增速变化不是股市收益率变化的格兰杰原因	0.603	0.247	0.345	0.423
	股市收益率变化不是通货膨胀率变化的格兰杰原因	0.854	0.150	0.207	0.366
	通货膨胀率变化不是股市收益率变化的格兰杰原因	0.276	0.363	0.197	0.211

续表

原假设		滞后期数			
		1	2	3	4
PART B	股市收益率变化不是 GDP 增速变化的格兰杰原因	0.446	0.263	0.476	0.266
	GDP 增速变化不是股市收益率变化的格兰杰原因	0.095	0.159	0.357	0.543
PART C	通货膨胀率变化不是 GDP 增速变化的格兰杰原因	0.000	0.042	0.008	0.004
	GDP 增速变化不是通货膨胀率变化的格兰杰原因	0.002	0.009	0.012	0.135
	利率变化不是 GDP 增速变化的格兰杰原因	0.003	0.057	0.287	0.222
	GDP 增速变化不是利率变化的格兰杰原因	0.012	0.078	0.103	0.092

注：表格中所给出的数值为格兰杰因果关系检验统计量的 P 值，P 值越小越拒绝原假设。

将滞后 4 期的油价与各因素以及各宏观经济变量与股市之间的格兰因果关系检验结果综合在一起来看，我们发现可能存在这样一种关联：油价冲击最先影响通货膨胀率，其次是短期利率，并可通过通货膨胀和利率因素冲击股市收益率。同时通货膨胀率和利率还会影响到 GDP 增速，而后者也对我国股市收益率存在影响。如在 C 部分中，结果显示无论滞后几期，通货膨胀率都是我国 GDP 增速的格兰杰原因；在滞后 1 个和 2 个季度时，利率也是 GDP 增速变化的格兰杰原因。

VAR 模型的另一个重要应用是进行脉冲响应函数（Impulse Response Function）分析，其能够刻画出模型中每一个内生变量的扰动或者冲击如何传播给其他内生变量。在短期关系分析中，我们基于这一应用进一步对三者关系进行了探讨。信息准则显示最优滞后阶数为 1 阶，因此我们建立了含 6 个变量的滞后 1 期向量自回归模型，并在此基础上得到脉冲响应函数。在下图 6.1 中，我们首先给出了我国各宏观经济变量和股市收益对来自国际石油价格冲击的脉冲响应函数。结果显示，当国际石油价格在本期受到一个正的冲击后，也即石油价格上涨冲击，通货膨胀率出现一定程度的上升，其中在第 3 期达到最高点 0.192，随后逐渐下降；利率在第一期开始也会有一个正向响应，但幅度很小，最高仅为 0.042。从国内狭义货

币供应量的反应来看，该指标在油价冲击发生后的第 1 期开始时，有一个
较大的反应，冲击幅度达 0.515，随后开始快速减弱，第 4 期时油价对货
币供应量的影响已经基本趋于零。油价上涨冲击对 GDP 增长率也有一个
正向的影响，第 1 期时影响很小，第 2 期达到最大值 0.312，随后出现下
降。从油价对我国上证综指的冲击情况来看，存在一个明显的转折点——
受到油价冲击后，股指收益在第一期出现明显下降，随后开始回升，并在
第二期时对油价冲击的响应转为正向，达到 2.778 的最高点之后又快速下
降，第三期时冲击效应就基本消失。从油价冲击效应的持续时间上来看，
其对通货膨胀率和 GDP 增速的影响较久。

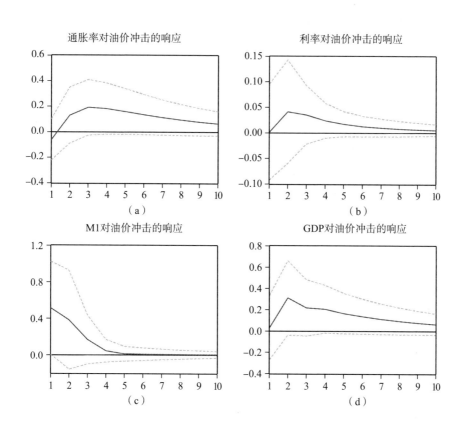

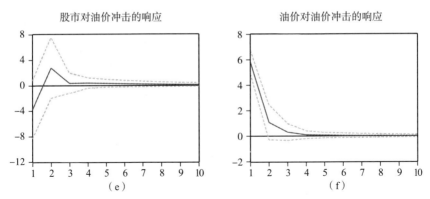

图 6.1　宏观经济变量及股市对国际油价冲击的响应函数

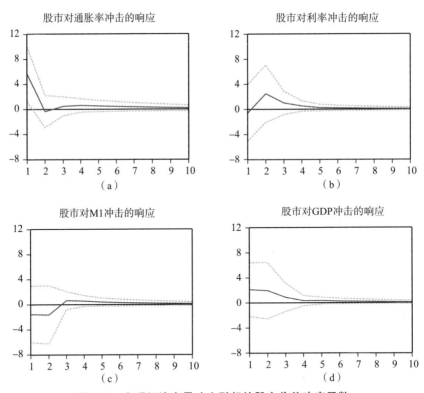

图 6.2　宏观经济变量冲击引起的股市收益响应函数

图 6.2 则分别给出了股市收益对来自通货膨胀、短期利率、狭义货币

供应量和 GDP 增速冲击的脉冲响应函数。可发现，上证综合指数收益率对来自通货膨胀、利率和经济增速的冲击都具有一定程度的正向响应，但这些宏观经济变量对股市的冲击持续时间比较短，基本在第 3 期就都消失，而且只有在第一期时股市对来自通货膨胀冲击的响应是显著的。如图 6.2 左上角所示，当期给通货膨胀率一个冲击，我国股市收益率在第 1 期会有一个明显的同向反应，随后快速减弱并消失。

股市与宏观经济的这一结果与刘金全和王风云（2004）、任会林和杜征征（2009）等所发现的我国股票收益与通胀率负相关的结论不太一致，但这里通货膨胀对股市收益存在的正向影响，与理论上的"费雪效应"假说具有一致性，在一定程度上显示出我国股市在发生通货膨胀时具有保值作用（王晓芳，高继祖，2007）。另一种可能的情况是，温和的通货膨胀有利于促进居民消费，从而提升企业业绩。韩学红等（2008）在分析我国股市收益率与通货膨胀率之间的关系时发现，股票收益与通胀率之间的关系可正可负，其正负关系主要取决于通胀率上升来源于供给冲击还是需求冲击。

国际石油价格除了引起通货膨胀率变化外还对经济增长率存在正向影响，但由于股市收益对来自 GDP 增速的冲击响应不显著，我们进一步考虑了其他宏观经济变量冲击对通货膨胀的影响。利率、货币供应量和经济增速冲击对通货膨胀率的动态影响如图 6.3 所示。从脉冲响应函数结果不难发现，利率对通胀率的影响基本不显著，而货币供应量增加会引起通货膨胀率在第一期有一个明显上升，并在第二期响应程度达到最大值，随后缓慢下降。货币供应量对通胀率的这一影响是比较直观的。最右边的结果显示，通货膨胀率对来自 GDP 增速的冲击有一个显著的正向响应，并且这一响应过程会持续一段时间。这说明油价冲击对宏观经济的影响也能够通过通货膨胀率传导至股票市场。

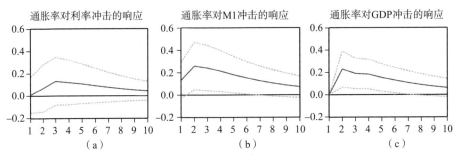

图 6.3　货币及经济增长冲击引起的通货膨胀的响应函数

　　总结来看，这里分析结果表明，宏观经济增速与我国股市以及股市收益率与经济增速和国际油价之间存在长期均衡关系，但这一关系在1999 年下半年时存在结构性变化。从短期来看，虽然格兰杰因果关系检验和脉冲响应函数结果均表明不存在油价变动对我国上证综指收益率的直接影响效应，但加入宏观经济变量因素后的实证结果显示，油价冲击能够通过影响通货膨胀率和实体经济增速而对股市造成冲击。说明宏观经济尤其是通货膨胀率，是国际石油价格冲击我国股票市场收益的渠道之一。

6.5　油价供给与需求冲击影响分析

　　在关于股市收益率与通货膨胀关系的研究中，有不少学者指出引起通货膨胀率上涨的因素不同，会引起两者关系的不同。无独有偶，在油价冲击与宏观经济及股市关系的研究中，也有一些学者发现油价冲击的驱动因素不同，其对宏观经济及股市的影响也不同。尤其是在石油供给与石油需求驱动的价格变化与股票关系研究中，哪一种因素导致的石油价格冲击影响更重要，不同学者之间还存在一定的争议。如基利安和帕克（2009）研究认为原油生产冲击对股价的影响重要性远低于全球总需求冲击和石油预防性需求冲击对股市的影响，但库纳多和德格雷西亚（2014）发现石油供给引起的价格变化对股市收益的影响程度和范围更大。除此之外，这一分析思路还很少被学者用于油价冲击与发展中国家股市关系研究中。基于这两方面考虑，在本节分析中，我们借鉴这一研究思路，引入油价需求冲击与油价供给冲击，对比分析他们对我国宏观经济和股市收益的影响。分析中除了石油价格序列发生变化外，以上宏观经济变量和股市收益率均保持不变。

在油价需求冲击和供给冲击衡量上，我们主要借鉴了库纳多和德格雷西亚（2014）中的界定方式。具体方法是，在原油价格变化率 goil 之外，另外计算国际原油产量的增长率 gprod，然后对同一时期两者增速正负号进行比较：如果石油价格增长率 goil 与石油产量增长率 gprod 的正负符号不一致，则令石油供给冲击 Shock_supply = goil，否则令 Shock_supply = 0；如果石油价格增长率 goil 与石油产量增长率 gprod 的正负符号一致，则令石油需求冲击 Shock_dem = goil，否则 Shock_dem = 0。这一定义的基本思路是：如果石油价格上涨（下跌）的同时，国际石油产量也出现上涨（下跌），则可以认为是由需求上涨因素引起的；而如果国际石油价格上涨（下跌）的同时，出现石油产量下跌（上升），则认为是由于供给因素引起的。

这里用到的原油产量数据来源于美国能源信息署网站的能源统计年鉴上的全球石油生产量。为了得到石油产量增长率，我们先采用 X12 法对这一序列进行了季节调整，然后取其自然对数一阶差分。得到石油供给与需求冲击后，单位根检验结果显示两者均满足平稳性要求。因此可以用这两个变量分别替换上文脉冲响应函数分析中的油价变化率原始序列，得到石油供给冲击和石油需求冲击对我国股市和宏观经济变量的动态影响结果。

图 6.4 给出的是我国上证综指收益率分别对来自石油供给与需求冲击的脉冲响应函数。结果显示，股市收益对来自石油供给因素所引起的油价上涨冲击响应方向为正，但不显著。如果受到石油需求冲击，股市收益率在第一期时有一个负向响应，随后出现回调，并且这里的负向响应有别于

石油供给冲击对其的影响。这一结果也在一定程度上与库纳多和德格雷西亚（2014）研究所发现"石油需求冲击对德国、意大利、卢森堡和英国的股票收益存在负向冲击"结果相一致。

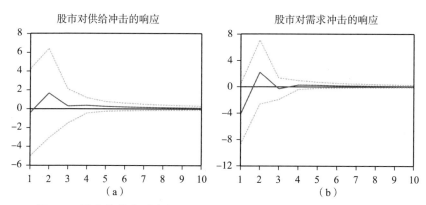

图6.4　股市收益率对来自石油供给冲击与需求冲击的脉冲响应函数

图6.5相应地分别给出了我国宏观经济变量对来自油价供给与需求冲击的脉冲响应函数。其中，第一行对应的是各变量对石油供给冲击的动态响应情况，第二行是各变量对需求因素所导致的油价上涨冲击的脉冲响应函数。从通货膨胀率的响应函数来看，无论是供给因素还是需求因素所引起的石油价格上涨冲击，对通货膨胀率的影响差异很小。就利率而言，其对石油供给冲击的响应速度略慢于对石油需求冲击的响应速度：石油供给冲击对利率的正向影响在第3期达到最大，而需求冲击对其影响在第二期就已经达到最大值。此外，对比可发现，石油供给冲击在第1期对M1的影响幅度大于需求冲击的影响。最后是油价供给与需求冲击对我国GDP的影响。脉冲响应函数结果显示，两类冲击的影响差别比较明显，主要体现在受到冲击后的第2期中，石油供给冲击对GDP的影响程度显著高于需求冲击对GDP的影响。总体来看，石油供给冲击还对我国宏观经济的影响效应略大一些，但整体上与石油需求冲击的影响差异不是很大。

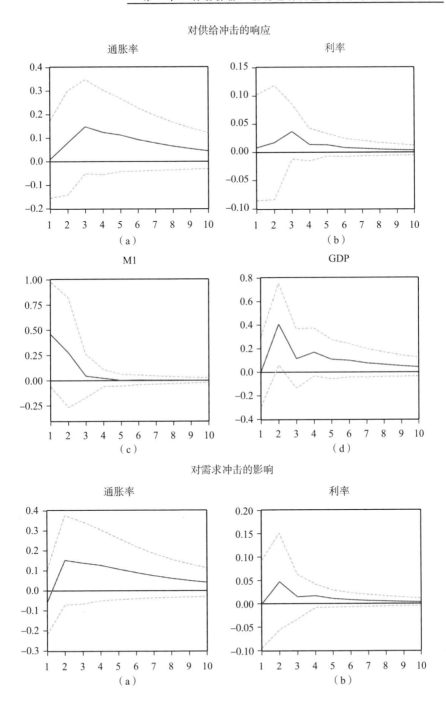

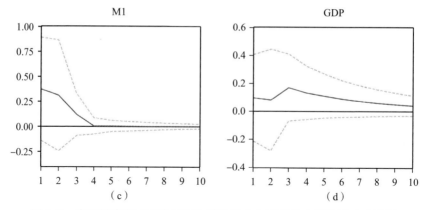

图 6.5 宏观经济变量对来自石油供给冲击与需求冲击的脉冲响应函数

6.6 本章小结

由于油价对我国能源类行业以及多个行业大类股票，存在较为普遍的正相关关系，这与油价对大多发达国家的负向影响明显不同，并且有研究指出国际油价冲击对中国经济增长影响为同向。因此，在本章的分析中我们纳入宏观经济变量因素，考察了其在油价冲击影响我国股市收益率中的作用，尝试对油价冲击与我国股市的关联性进行解释。文章首先分别从国际石油价格与我国宏观经济增长的长期关系、经济增长与股市之间的长期关系，以及考虑油价冲击因素后股市、石油市场与宏观经济增速之间的长期关系等三个方面进行了分析。在长期关系得到确认后，还基于格兰杰因果关系检验和脉冲响应函数，分析了股市收益率、国际石油价格变化率与GDP、利率、货币供应量及通货膨胀率 4 个宏观经济变量之间的短期动态关系。最后进一步考察了由需求因素和供给因素所引起的石油价格冲击是否对股市和宏观经济变量存在不同影响。

实证分析结果表明，在长期，虽然传统的 EG 两步法和 Johansen 协整检验认为国际石油价格与中国 GDP 之间不存在均衡关系，但是基于非对称协整模型的分析结果表明两者之间在长期是存在稳定关系的，并且国际石油价格上涨时与我国 GDP 之间的相关程度高于油价下跌部分时两者的关联程度，也即在两者长期关系中存在非对称性。油价与 GDP 之间长期均衡关系的确认在一定程度上暗示着宏观经济渠道可能是油价冲击我国股票市场的重要方式之一。这一长期关系的发现也提醒我们，在经济发展过程中可能存在我国宏观经济与国际石油市场之间的双向联动关系，因此要更加重视国际石油价格的波动，突出了合理理顺国内石油定价机制的重要性。

宏观经济与股市之间的长期分析结果也表明存在协整关系，但在 1999 年第三季度，我国股市与宏观经济之间的关系出现了一个结构性调整，断点之后协整向量系数有所下降。加入国际石油价格因素后的长期关系检验结果依然表明存在股市、石油价格及 GDP 之间的长期均衡关系，并同样存在结构性变化问题。在短期关系分析中，格兰杰因果检验表明油价冲击是我国通货膨胀率、短期利率和 GDP 增速变化的格兰杰原因，油价变化不是我国上证综合指数收益率变化的格兰杰原因，但宏观经济变量中的通胀率、利率及经济增速是我国股市收益变化的格兰杰原因。这意味着从数据统计上来看，可能存在着油价冲击宏观经济进而间接影响中国股市的情况。基于向量自回归模型的脉冲响应函数结果，进一步验证了我们基于格兰杰因果关系检验结果所做的推断：上证综指收益率对直接来自油价冲击的响应不显著，但通货膨胀率和宏观经济增速对这一冲击有着显著的正向响应，而我国股市收益率对来自通货膨胀率的冲击有着显著的正向响应。

进一步将石油价格冲击区分为需求因素驱动型和石油供给因素驱动型之后的分析结果显示，中国股市收益率对来自石油供给因素引致的价格冲击效应基本为正，但对需求冲击因素引致的油价冲击存在负向响应。区分来源后的油价变化对我国宏观经济冲击效应结果显示，两者对通货膨胀率、利率和狭义货币供应量的影响差异不大。不过，石油供给冲击对我国 GDP 增速的影响程度显著大于石油需求冲击。

综合本章节中各部分的分析结果，可以认为油价直接冲击对我国股市收益率存在一定程度的负向影响，但由于其对我国宏观经济变量，尤其是通货膨胀率和经济增速，存在正向的影响，而后者又对我国股市有正向影响，因而表现出油价冲击对股市收益影响为正或者不显著的总效应。

第 7 章

国际油价变化、中国居民
消费及股市关系分析

7.1 引言

在我国，伴随着经济的高速发展，居民收入持续增加，人民的生活水平不断提高，近年来居民消费结构发生了重要变化，能源价格成为居民消费决策中一个不可忽视的因素，特别是在家庭汽车使用领域，对石油的依赖性尤其高。

居民消费是一国总需求的重要组成部分，消费支出的波动对产出与就业、甚至是经济周期都有着重要影响，因而油价变化有可能通过冲击居民消费而传导至整个经济体。在国际上，能源价格冲击对居民消费的影响已得到一些学者的关注。研究表明，油价冲击对欧美等发达经济体的居民家庭消费存在显著影响，并具有非对称性特征（Mehra & Petersen，2005；Edelstein & Kilian，2009；Odusami，2010 等）。然而我们注意到，在能源价格波动剧烈、能源供需矛盾突出的当前阶段，能源市场在我国居民消费问题中的作用并未得到特别重视，有关石油价格冲击与我国居民消费关系的探讨还较少。由于我国当前经济发展正处于变革期，迫切需要通过扩大内需而纠正投资与消费的不平衡关系，因而分析油价冲击是否对消费存在影响在如何有效扩大内需问题上具有重要参考价值。

此外，本书关注居民消费的另一个因素是，其除了影响一国总需求外，还可能影响证券价格。在一国经济快速发展过程中，股票市场具有为经济发展提供资金支持和优化资源配置的重要作用，而股票市场的健康发展除了受经济发展状况决定外，还会受到投资者和市场人气的影响。消费资本资产定价理论（CCAPM）指出，为了实现终生效应最大化，理性的代表性消费者会在每一期对其消费与投资比例进行规划，从而将消费与证券价格关联起来。由于受习惯性因素等影响，居民消费具有平滑特征，在受到国际石油价格上涨冲击时，居民消费行为的调整很可能会影响股票市场价格变化，这意味着油价变化可能通过居民消费支出渠道波及股票市场。

基于上述两方面考虑，在本章中我们围绕国际石油价格、中国居民消费与股票市场关系进行分析，探讨国际石油价格是否能够通过冲击居民消费而影响我国股市收益率。本章首先分析了国际石油价格变化对居民总消费和不同类型分项消费行为是否存在影响，以及如果存在，其影响特征是怎样的。分析这一问题有助于我们理解国际石油价格对我国经济体的冲击效应，还可以帮助我们进一步了解我国居民消费特征、对影响我国居民消费的因素进行扩展，有助于我国政策制定者在油价剧烈波动时期更有针对性地制定促进内需政策。其次，文章进一步引入消费资本资产定价模型（Consumer Capital Asset Pricing Model，CCAPM）和拉脱维亚和路德维格森（Lettau & Ludvigson，2001）所提出的条件 CAPM 分析框架，探讨了我国居民消费对股市收益率的影响，从而为油价变化能否通过居民消费而影响我国股票市场价格变化提供一定的证据。

在下文的具体安排中，第二部分是石油价格冲击居民消费的机制概述及相关文献综述，第三部分是本书的实证研究方法与数据简介，第四部分给出了国际油价冲击对我国居民人均总消费与分项消费影响的实证结果，并分析了居民消费与股市收益率的关系，最后第五部分是研究结论与政策启示。

7.2 研究概况

7.2.1 油价冲击影响居民消费的机制与证据

从理论上来说，国际石油价格冲击是能够影响居民家庭消费支出的，其传导机制主要包括：可自由支配收入渠道、预防性储蓄渠道、操作或使用成本效应、不确定性和间接效应五个方面。

首先，就可自由支配收入渠道（或实际余额渠道）而言，能源价格上涨会使家庭的能源使用成本增加，预算一定时，支付完能源账单之后，家庭剩余可支配收入减少，也即对其他商品的购买力下降，从而对家庭消费水平造成影响。在保持其他条件不变的情况下，家庭的能源消费需求弹性越低，可自由支配收入渠道的影响作用越大。其次，从生命周期角度来看，消费具有平滑特征，如果油价上涨使得家庭预期就业与收入状况恶化，将导致家庭增加预防性储蓄，从而降低消费支出；并且能源价格波动也意味着家庭支出的不确定性增加，引起家庭提高预防性储蓄。再次，能源价格上涨将使跟能源存在互补关系的消费品使用成本上升，减少家庭对该类商品的需求，不过这一操作成本效应对消费的影响则主要作用在能源消耗性商品上，如汽车（Hamilton，1988）。常州市统计局一项针对汽车消费的调研结果显示，油价大幅上升对汽车拥有用户的出行习惯有一定影响，陈宇峰、缪仁余（2010）通过分析也证实了能源冲击对我国居民汽车消费的影响。而不确定性效应对应的是，石油当前价格变化会增加其未来价格的不确定性，因此引发消费者推迟对一些耐用消费品的购买（Bernanke，1983）。最后，从间接影响层面来看，油价冲击还可能在上述不确定和操作成本等效应作用下，引起家庭或个人消费模型发生转变，进一步影响企业的生产与供给决策，促使资本与劳动流向能效更高的产品生产中（Hamilton，1988）。戴维斯和霍蒂万格（Davis & Haltiwanger，2001）以汽车行业为例对这一渠道进行了检验，发现1973年油价冲击增加了美国的能源石油效率更高的小型汽车需求，相应地大型汽车需求减少。

除了渠道分析之外，油价冲击对居民消费影响的证据也在一些学者的研究中得到提供。如梅赫拉和彼得森（Mehra & Petersen，2005）发现油价上涨对居民消费存在负向影响，而油价下跌时影响不显著，并且净油价增长对消费的影响幅度更大。埃德尔斯坦和基里安（Edelstein & Kilian，2009）发现零售能源价格与消费之间存在关联，肯定了预防性储蓄和使用成本效应在其中所发挥的作用，认为消费者信心受损是能源冲击对家庭消费造成影响的重要原因之一。奥德萨米（Odusami，2010）发现油价变化对美国家庭的对数消费—财富比存在负向影响，并且油价上涨与下跌的影响幅度不同；作者认为只有当油价变化超过一定的阈值之后，油价对消费才具有显著的冲击效应。王（2013）通过分析油价变化与G7国家的居民消费支出关系，也证实了油价冲击非对称性的存在，认为实际余额效应和不确定性效应在油价冲击与消费关系中发挥重要作用。虽然还很少有学者对油价如何影响我国居民消费进行深入研究，但油价对其他层面消费的影响已经得到国内一些学者的探讨。陈宇峰、缪仁余（2010）发现国际油价对我国汽车消费需求具有非线性和非对称冲击效应。基于向量自回归模型，代伊博、谭力文（2010）分析认为，国际油价波动对我国总体消费影响不显著，但对石油天然气开采、黑色金属冶炼业及交通运输设备制造业的消费需求有同向冲击效应。张欢、成金华（2011）发现燃料、动力购进价格指数对我国居民消费水平变化有重要影响。

7.2.2　居民消费与股市

虽然诸多研究探讨了我国股市发展与GDP增长、货币供应量、通货膨胀率等宏观经济变量之间的关系，但在居民消费与股市关系探讨上，国内研究还比较有限。在该领域，比较常见的一种分析方式是在 CCAPM 框架下对消费—股市收益率与利率关系进行研究，如鲁昌（2001）、王海侠（2002）、周璇（2009）等。其中王海侠（2002）分析结果表明，我国股指收益率与消费增长率之间存在"此消彼长"的负相关关系，而周璇（2009）的研究结果却不能支持 CCAPM 理论。此外，董直庆、蔡玉程、李仁良（2003）从个体消费最优化的行为出发，推导并分析了股票价格与消费行为的一般作用模式，结果表明，不确定性增加时，个体会减少消费与风险资产投资、增加无风险资产投资，从而引起股价下跌；并认为股价可以被消费关系模型解释，经济环境变化及消费者对个体消费进行重新安排等因素影响到股市的收益率与价格变化。王立平（2007）考虑了习惯在消费与股市收益关系间的作用，研究认为习惯因素在我国居民消费与资产收益分析中具有一定的重要性。

在国外的文献研究中，拉脱维亚和路德维格森（2001）较早注意到，虽然消费、财富与劳动收入之间存在长期均衡关系，但短期可能发生背离。作者通过研究发现，消费与总财富之间的趋势偏离项对美国股市实际收益率和相对于短期国债利率的超额收益率都具有显著的预测能力。消费收入与财富三者间的长期趋势偏离项又被称为对数消费—总财富比率，是市场组合的未来预期回报的函数。除了美国市场之外，奥诺和瓦萨（Aono & Waisako，2013）在拉脱维亚和路德维格森（2001）研究的基础上，探讨了对数消费—财富比率对日本股票市场的解释力，发现该指标比对日本的股票收益率具有预测能力，但是幅度小于其对美国市场的解释力，分析结果还表明对数消费—财富比与股市关系中存在时变性：前者对后者的预测能力主要体现在 20 世纪 90 年代资产泡沫破裂之后。闫东鹏、王清容（2009）采用中国股市回报数据也对这一关系进行了检验，发现消费财富比率对我国股市具有显著的回报预测能力。

7.3 研究方法、变量及数据介绍

7.3.1 理论框架及研究方法

本章两个部分的实证分析模型均是在持久收入假设之下延伸得到的。在油价对我国居民消费支出的影响分析中，我们主要借鉴了梅赫拉（Mehra，2001）与梅赫拉和彼得森（2005）等的研究方法。对消费与股市关系的研究，则主要借鉴了拉脱维亚和路德维格森（2001）等的分析框架。

在一个经济体中，居民人均消费 C_t 是由当期的财富存量 W_t 和本期以及未来贴现到当期的收入 Y_t 及 $E(Y_{t+1})$ 所决定。分别将实际消费、收入、财富与利率定义为 C_t、Y_t、W_t 和 r_t，那么居民的预算约束可以表示为：

$$W_{t+1} = (1 + r_t)(W_t + Y_t - C_t) \qquad (7.1)$$

也即，居民下一期持有的财富水平等于当期收入与财富之和减去消费后的贴现值。假设实际利率为常数（$r_t = r_{t+1} = r$），并有 $\lim_{i \to \infty}(W_{t+i}/(1+r)^i) = 0$，经过对当期财富预算约束进行重复替代可以得到：

$$W_t = \sum_{i=0}^{\infty} \frac{C_{t+i}}{(1+r)^i} + \sum_{i=0}^{\infty} \frac{Y_{t+i}}{(1+r)^i} \qquad (7.2)$$

霍尔（Hall，1978）认为消费服从一个鞅过程，因此有 $E(C_{t+1}) = C_t$，进一步对（7.2）式取期望值，就得到了持久收入假设的一般形式：

$$C_t = \frac{r}{1+r} \times \sum_{i=0}^{\infty} \frac{E(Y_{t+i})}{(1+r)^i} + \frac{r}{1+r}W_t \qquad (7.3)$$

在假设实际收入增速为常数 g 的情况下有 $E(Y_{t+1}) = (1+g)Y_t + \eta_{t+1}$，其中 η_{t+1} 是一个白噪声过程，此时可以得到：

$$C_t = \frac{r}{r-g}Y_t + \frac{r}{1+r}W_t + \sum_{i=1}^{\infty} \frac{\eta_{t+1}}{(1+r)^i} \qquad (7.4)$$

这意味着消费、财富与收入之间存在一种长期关系。梅赫拉和彼得森（2005）在其研究中将这里由财富与收入所决定的消费称为计划消费 C_t^p，并将三者关系简化表达为：

$$C_t^p = a_0 + a_1 Y_t + a_2 W_t \qquad (7.5)$$

由于存在调整成本（Adjustment costs）和习惯持续性（Habit persistence）等因素，家庭的实际消费可能与计划消费不一致，实际消费与当期收入关系更为密切（Campbell & Mankiw, 1989）。因此，Mehra（2001）增加消费的调整滞后项，假定实际消费相对于计划消费水平的调整满足如下形式：

$$\Delta C_t = b_0 + b_1(C_{t-1}^p - C_{t-1}) + b_2 \Delta C_{t-1}^p + \sum_{s=1}^{k} b_{3s} \Delta C_{t-s} + \mu_t \qquad (7.6)$$

C_t 为实际消费，μ_t 为残差项。也即在误差纠正动态调整过程中，当期消费变化受当期计划消费变化、上期实际消费与上期计划消费差额以及实际消费变化滞后项等影响。将（7.5）式代入（7.6）中，可得到短期动态调整方程：

$$\Delta C_t = b_0 + b_1(a_0 + a_1 Y_t + a_2 W_t - C_{t-1})$$
$$+ b_2 \Delta(a_0 + a_1 Y_{t-1} + a_2 W_{t-1}) + \sum_{s=1}^{k} b_{3s} \Delta C_{t-s} + \mu_t \qquad (7.7)$$

进一步假设未来收入与当期收入成比例变化，消费者是理性的，能够在 t-1 期对 t 期的收入与财富进行预期。此时可以得到关于当期实际消费变化与家庭收入与财富的水平值和一阶差分值以及实际消费变化率之后项的方程：

$$\Delta C_t = \beta_0 + \beta_1(C_{t-1}^p - C_{t-1}) + \beta_2 \Delta Y_{t-1} + \beta_3 \Delta W_{t-1} + \sum_{s=1}^{k} \beta_{4s} \Delta C_{t-s} + \mu_t$$
$$(7.8)$$

结合本书对油价冲击的关注，按照梅赫拉和彼得森（2005）的做法，这里在消费与收入及财富回归方程中进一步加入油价变化滞后变量，可得到扩展之后的短期动态消费实证模型：

$$\Delta C_t = \beta_0 + \beta_1 (C_{t-1}^p - C_{t-1}) + \beta_2 \Delta Y_{t-1} + \beta_3 \Delta W_{t-1}$$

$$+ \sum_{s=1}^{k1} \beta_{4s} \Delta C_{t-s} + \sum_{s=1}^{k2} \beta_{5s} \Delta oil_{t-s} + \mu_t \qquad (7.9)$$

K1 和 K2 分别代表消费、油价变化率的滞后阶数。

在上述油价冲击与短期消费关系基础之上，文章还将进一步建立居民消费与我国股市收益之间的关系，对消费是否对股市收益具有预测性进行分析，从而考察国际油价冲击是否有可能通过影响居民消费支出而冲击股市。这一步的分析主要基于拉脱维亚和路德维格森（2001）等提出的对数消费—财富比例指标 cay。在持久收入假设下，确认消费与收入以及财富的长期均衡关系后，也即在（7.5）式中协整关系得到确认的基础上，cay 被定义为：

$$cay \equiv C_t - a_0 - a_1 Y_t - a_2 W_t \qquad (7.10)$$

在实证分析中，我们借鉴拉脱维亚和路德维格森（2001）等的做法，进行如下动态最小二乘回归：

$$c_t = \alpha + \beta_1 y_t + \beta_2 w_t + \sum_{i=-k}^{k} \gamma_i \Delta y_{t-i} + \sum_{i=-k}^{k} \varphi_i \Delta w_{t-i} + \epsilon_t \qquad (7.11)$$

得到收入与财富的回归系数之后，cay 序列可以由 $\widehat{cay} = c_t - \hat{\beta}_1 y_t - \hat{\beta}_2 w_t$ 计算所得。进一步将短期消费变化率或 cay 对股票价格收益率进行回归，可得到消费对我国股市的影响情况，分别对应了拉脱维亚和路德维格森（2001）中的 CCAPM 和条件 CAPM 模型。

7.3.2　变量及数据说明

由于我国现阶段存在城乡差距，农村居民对股市投资的参与度比较低（鲁昌，2001；王立平，2007），因而本书在分析中采用了城镇居民消费。除了人均总消费（TC）外，书中还分别对食品衣着支出、医疗保健支出、交通通信支出、娱乐教育文化服务以及居住等各分项消费支出在受到油价冲击后的变化情况进行了探讨。在油价影响居民消费的分析中，解释变量包括布伦特原油价格变化率指标、我国城镇居民人均可支配收入（Y）、人均财富持有量（W）、居民消费价格指数（CPI）及短期消费误差调整项（EC）和消费滞后项。其中，原油价格数据来自美国能源信息署（EIA）网站，消费、收入、财富及CPI数据均来自DataStream数据库。上证综合指数、我国沪深两市A股上市公司的价格和Fama – French三因子数据来自锐思金融研究数据库。样本区间为2000年第1季度至2012年第3季度。

与其他章节不同的是，本章节中所用的数据均为实际价格序列。在数据处理上，我们对消费财富及收入等数据进行了季节调整，并以2000年为基期的CPI数据将它们调整为实际价格序列。对油价指标而言，我们首先将Brent原油价格转换为人民币计价，提出季节性因素后通过取对数一阶差分得到其名义增长率序列，并在名义增速基础上减去CPI序列的对数一阶差分，从而得到实际石油价格变化率。此外，还按照汉密尔顿（2003）等的做法，还构造了实际石油价格增长率之外的油价上涨冲击指标和油价下跌冲击指标。在股票市场指标处理上，以我国上证综合指数为例，首先对其取自然对数一阶差分得到名义收益率，然后再减去CPI一阶对数差分得到实际收益率；对沪深两市A股等权重投资组合也采用了相同的方法得到其实际收益率序列。下表7.1给出了回归分析中所用到的各变量的表达式及计算说明。

表7.1　　　　　　　　　　　变量构造及说明

变量表达式	相关说明
ΔC_t	实际消费变化率； 经季节和价格调整后的实际消费取自然对数一阶差分所得
ECT_{t-1}	上期实际消费相对于计划消费的调整，也即消费误差修正项
ΔY_t	实际可支配收入变化； 经季节和价格调整后的实际人均收入取自然对数一阶差分所得

变量表达式	相关说明
ΔW_t	滞后一期实际财富变化； 经季节和价格调整后的实际人均财富取自然对数一阶差分所得
oil_t	以人民币计价的实际布伦特原油价格自然对数
Δoil_t	实际原油价格变化，或称油价增长率
Δoil_t^+	$\max\{0，\Delta oil_t\}$ 实际原油价格上涨序列，或称油价正增速
$\Delta oill_t^-$	$\min\{0，\Delta oil_t\}$ 实际原油价格下跌序列，或称油价负增速
rsse	上证综合指数实际收益率； 对上证综指取对数一阶差分后减去 CPI 对数一阶差分所得
req	沪深两市 A 股等权重投资组合实际收益率
cay	居民人均消费对收入及财富的长期偏离项；或称对数消费—总财富比率

在表 7.2 中，我们分两部分给出了变量数据的统计描述情况。首先 A 部分是关于我国居民人均各分项消费数据的统计结果，从中可发现，在居民各分项消费均值最大的是食品与服装支出，其次是教育娱乐和交通通信支出。消费的平均增速数据表明，在本书样本区间内，家庭人均交通通信支出增加最快，这很可能是跟石油价格大幅上涨有关。B 部分给出的是回归中所要涉及的各变量的变化率序列统计描述情况。数据还显示，收入与财富的变化均大于居民消费增长率，且上证综指收益率与沪深两市 A 股股票等权重投资组合收益率也存在一定的差异，后者在均值与标准差上都大于前者。

表 7.2   变量统计描述

A：家庭人均各分项消费支出情况（单位：元）				
符号	名称	均值	最大	最小	平均增速
Transport	交通通信	269.61	484.78	97.78	3.20%
Food & cloth	食品、服装	996.69	1521.9	616.4	1.81%

续表

<table>
<tr><td colspan="6" align="center">A：家庭人均各分项消费支出情况（单位：元）</td></tr>
<tr><td>符号</td><td>名称</td><td>均值</td><td>最大</td><td>最小</td><td>平均增速</td></tr>
<tr><td>Medicine</td><td>医疗保健</td><td>144.89</td><td>207.33</td><td>77.12</td><td>1.95%</td></tr>
<tr><td>Edu. & Enter.</td><td>教育娱乐</td><td>273.41</td><td>399.84</td><td>151.3</td><td>1.87%</td></tr>
<tr><td>Living</td><td>居住支出</td><td>211.54</td><td>292.65</td><td>101.0</td><td>1.96%</td></tr>
<tr><td colspan="6" align="center">B：回归变量统计情况</td></tr>
<tr><td>符号</td><td>名称</td><td>均值</td><td>最大</td><td>最小</td><td>标准差</td></tr>
<tr><td>ΔC</td><td>消费变化率</td><td>0.019</td><td>0.077</td><td>-0.050</td><td>0.021</td></tr>
<tr><td>ΔY</td><td>收入变化率</td><td>0.023</td><td>0.070</td><td>-0.030</td><td>0.014</td></tr>
<tr><td>ΔW</td><td>财富变化率</td><td>0.033</td><td>0.097</td><td>-0.055</td><td>0.029</td></tr>
<tr><td>cay</td><td>对数消费—总财富比</td><td>0.349</td><td>0.391</td><td>0.307</td><td>0.017</td></tr>
<tr><td>rsse</td><td>上证综指收益率</td><td>0.012</td><td>0.867</td><td>-0.404</td><td>0.160</td></tr>
<tr><td>req</td><td>A 股投资组合收益率</td><td>0.033</td><td>0.750</td><td>-0.305</td><td>0.208</td></tr>
<tr><td>Δoil</td><td>油价变化率</td><td>-0.011</td><td>0.087</td><td>-0.154</td><td>0.066</td></tr>
<tr><td>Δoil_t^+</td><td>油价上涨冲击</td><td>0.022</td><td>0.087</td><td>0.000</td><td>0.028</td></tr>
<tr><td>Δoil_t^-</td><td>油价下跌冲击</td><td>-0.034</td><td>0.000</td><td>-0.154</td><td>0.045</td></tr>
</table>

注：所有变量均为实际变化率/增长率，时间区间为 2000 年第一季度至 2012 年第三季度。

7.4　实证结果及分析

7.4.1　持久收入假说检验

首先来看家庭人均消费与收入和财富之间是否存在协整关系，也即对持久收入假说进行检验。结果如表 7.3 所示。两种检验方法均显示存在消费与收入、财富的长期均衡关系。但是从协整向量来看，EG 两步法中消费与财富系数不具有显著性，并且均低于 Johansen 检验中的结果。

表 7.3   协整检验结果

EG 两步法检验				
检验统计量			协整向量	
Tau 统计量	-5.2439^{***}		Income	0.9316
Z 统计量	-38.0149^{***}		Wealth	0.0451
Johansen 检验				
协整向量个数	极大特征根	迹统计量	协整向量	
不存在	25.9031^{***}	34.4032^{**}	Income	1.0622^{**}
至多一个	8.4646	8.5001	Wealth	0.1322^{**}
至多两个	0.0355	0.0355		

受上述两种协整检验结果差异性启发，在长期关系考察中，我们对可能存在的结构性断点进行了检验。在假设斜率项和截距项均存在变化的情况下，结果显示在 2008 年第二季度，消费、收入与财富自然对数序列关系中存在一个明显的断点。因此需要对消费、收入与财富的长期关系进行重新设定。在考虑结构性断点因素后，消费、收入和财富的长期关系被调整为：

$$C_t = \alpha_0 + \alpha_1 Y_t + \alpha_3 W_t + DB_t(\alpha_{0b} + \alpha_{1b}Y_t + \alpha_{3b}W_t) \qquad (7.12)$$

DB 为引入的虚拟变量，2008 年第二季度之前取值为 0，之后取值为 1。该回归残差项即为误差纠正项 ECT。并且基于这一结果性断点的确认，在采用（7.11）式计算 cay 指标时，我们也在回归中加入了 $DB_t(\alpha_{0b} + \alpha_{1b}Y_t + \alpha_{3b}W_t)$ 这一项。

7.4.2 油价冲击对消费的短期影响分析

表 7.4 给出了家庭人均总消费对误差纠正项 ECT、收入和财富增长率以及油价冲击等因素间的回归结果。四个模型分别是在未考虑油价冲击、考虑油价增长率和分别考虑油价上涨与下跌冲击情况下所得。结果显示，

误差纠正项对当期消费变化率有显著的解释力，意味着存在短期实际消费与长期计划消费的调整。回归2中的结果显示，油价冲击对居民总消费支出存在显著的负向冲击。区分油价上涨与下跌冲击后的3和4中，回归结果显示，油价下跌对消费的影响是显著的，而油价上涨冲击系数不显著，显示出油价冲击对消费的影响存在一定程度的不对称性。

表7.4 油价对人均总消费的影响

变量	1	2	3	4
Constant	2.556 *** (0.607)	2.622 *** (0.647)	2.439 *** (0.597)	2.588 *** (0.631)
ECT(−1)	−1.387 *** (0.207)	−1.322 *** (0.208)	−1.334 *** (0.201)	−1.379 *** (0.217)
$\Delta Y(-1)$	−0.303 (0.231)	−0.352 (0.253)	−0.348 (0.240)	−0.308 (0.237)
$\Delta W(-1)$	0.030 (0.058)	0.054 (0.062)	0.047 (0.059)	0.034 (0.030)
$\Delta oil(-1)$		−0.022 ** (0.010)		
$\Delta oil_t^+(-1)$			−0.005 (0.030)	
$\Delta oil_t^-(-1)$				−0.035 ** (0.014)
R^2	0.444	0.467	0.444	0.479

注：在回归中我们还考虑了更多油价变化率的滞后阶数，但结果显示其系数并不显著，因此将其剔除；对回归残差项的检验显示不存在序列自相关。考虑到样本规模有限和异方差问题，我们对回归系数标准差进行了 Newey – West 调整，括号内为 HAC 标准差。***、** 和 * 分别表示在 1%、5% 和 10% 显著性水平下拒绝系数为零的原假设。

在总消费分析的基础上，这里还考察了油价冲击对各分项消费支出的影响。结果如表7.5所示。线性表示以油价变化率来衡量油价冲击，其对

表 7.5

油价对各分项消费的影响效应分析

变量	食品 & 服装 线性	食品 & 服装 非线性	医疗保健 线性	教育娱乐 线性	交通通信 线性	交通通信 非线性	居住支出 线性	居住支出 非线性
Constant	2.1964*** (0.4547)	3.2879*** (0.7328)	3.1717*** (1.0385)	1.8782 (1.3803)	4.7546* (2.6069)	5.9188** (2.4509)	1.7656 (1.4798)	-1.4865 (2.8461)
ECT(-1)	-0.6189*** (0.1975)	-0.5112** (0.2354)	-0.3150 (0.7721)	-0.0415 (1.1624)	-0.7578 (1.1600)	-0.6220 (1.1803)	-2.8868* (1.6464)	-2.8754* (1.5963)
ΔY(-1)	-0.0717 (0.1578)	-0.0669 (0.1375)	-0.1540 (0.2608)	0.3289 (0.4517)	0.0378 (1.0941)	-0.0431 (1.1163)	0.5450 (0.6019)	0.7012 (0.5252)
ΔW(-1)	-0.0017 (0.0857)	-0.0101 (0.0752)	-0.2158 (0.2201)	-0.0178 (0.2226)	0.3846 (0.2727)	0.4529 (0.3039)	-0.0743 (0.2427)	-0.0477 (0.3100)
ΔC(-1)	—	—	—	-0.3642** (0.1523)	-0.6134*** (0.1058)	-0.6082*** (0.0992)	-0.4260** (0.1582)	-0.4780*** (0.1602)
ΔC(-2)	—	—	—		-0.1834* (0.0952)	-0.1834* (0.0839)	-0.2311** (0.0922)	-0.1695* (0.0986)
Δoil(-1)	-0.0087 (0.0164)		-0.0346 (0.0443)		-0.1425*** (0.0410)		—	
Δoil(-2)	-0.0175 (0.0171)		-0.0429* (0.0240)		—		—	

续表

变量	食品＆服装 线性	食品＆服装 非线性	医疗保健 线性	教育娱乐 线性	交通通信 线性	交通通信 非线性	居住支出 线性	居住支出 非线性
$\Delta oil(-3)$	0.0082 (0.0160)		-0.0527* (0.0267)		—		—	
$\Delta oil(-4)$	-0.0361** (0.0172)		—	—	—		—	
$\Delta oil_t^+(-1)$		-0.0370 (0.0341)		—	—	-0.2854*** (0.1001)	—	0.2198 (0.1474)
$\Delta oil_t^+(-2)$		-0.0182 (0.0280)		—		—		-0.1326 (0.2164)
$\Delta oil_t^+(-3)$		-0.0272 (0.0434)		—		—		0.0926 (0.0916)
$\Delta oil_t^+(-4)$		-0.0955*** (0.0306)		—		—		0.2261* (0.1315)
$\Delta oil_t^-(-1)$		—		—		-0.0834* (0.0442)		—

注：括号内为 HAC 标准差，***、** 和 * 分别表示在 1%、5% 和 10% 显著性水平下拒绝系数为零的原假设；对那些油价对其不存在显著冲击效应或非对称冲击效应的分项消费回归结果予以省略；"—"表示回归结果数不显著，并予以省略；在油价对交通通信支出的非线性对称效应的检验中，油价上涨与下跌冲击是分别回归分析的，其中在油价下跌冲击中其他变量回归系数数予以省略，仅给出了现在在油价下跌冲击指标的结果。

应的各分项消费的分析结果显示：油价增速对食品与服装支出、医疗保健
支出和交通通信支出存在显著的负向影响，但在影响幅度和时间上有一定
差异：油价对交通通信支出的影响最迅速，系数的绝对值也最大；其次是
油价冲击在滞后第 2、3 期时对医疗保健支出存在影响；油价对食品服装
支出的影响速度较为缓慢，主要发生在第 4 期。油价增速对教育娱乐和居
住支出不存在显著冲击。"非线性"栏对应结果表示，回归分析中，油价
变量被替换为油价上涨或下跌冲击，除此之外其他控制变量保持不变。由
于油价下跌冲击对大多数分项消费不具有显著影响，因此这里仅就该变量
具有显著性的分项回归给出油价下跌指标的回归系数情况。

引入非线性油价变化指标后结果显示，油价上涨对食品服装支出和
交通通信支出存在显著负向冲击，回归所得系数在绝对值和显著性上均
大于油价增长率的回归结果，说明国际石油价格对这两类消费的不利冲
击主要发生在油价上涨时。同时，油价下跌冲击对交通通信支出也存在
显著负向冲击，但是冲击幅度小于油价上涨对其的影响。此外，居住支
出的回归分析结果显示，油价上涨冲击对其存在正向影响，也即油价上
涨和居住支出增速之间存在同向关系。这在一定程度上显示出，油价上
涨冲击可能会引起我国居民对消费结构进行调整，表现在降低交通通信
支出的同时增加居住等支出。由于油价上涨冲击对居民不同分项消费具
有重新配置作用，因而该冲击对加总后的居民总消费不存在显著影响也
是可以理解的。

受奥德萨米（Odusami，2010）关于油价冲击对美国家庭对数消费—
财富比率影响的启发，我们在这里也考察了石油价格冲击对消费—收入—
财富长期均衡关系偏离指标 cay 的关系。结果如表 7.6 所示。可发现，滞
后 1 期的国际石油价格冲击对 cay 存在影响，所得系数显著为正，体现出
油价冲击将导致三者均衡关系偏离更大的特征，这也与短期关系分析中油
价对消费增长率存在不利影响的结果相一致。这里的结果还显示非线性油
价上涨冲击对 cay 指标的影响程度远大于下跌冲击的影响。

表 7.6   石油价格变化对 cay 的影响

变量	5	6	7
C	0.145 *** (0.043)	0.133 *** (0.044)	0.149 *** (0.043)
cay（-1）	0.586 *** (0.125)	0.606 *** (0.124)	0.578 *** (0.126)
Δoil（-1）	0.062 ** (0.031)		
Δoil$_t^+$（-1）		0.145 * (0.074)	
Δoil$_t^-$（-1）			0.080 * (0.046)
R^2	0.375	0.373	0.360
Adj. R^2	0.348	0.345	0.333

　　注：括号内为 HAC 标准差；***、** 和 * 分别表示在 1%、5% 和 10% 显著性水平下拒绝系数为零的原假设。

7.4.3　居民消费与股市收益率关系

　　董直庆等（2003）通过模型分析发现，不确定性增加会对个体消费以及股价同时造成影响，并认为经济环境变化和消费者对个体消费的重新安排等也会影响到股市的收益率与价格变化。国际石油价格冲击作为一种较为重要的宏观冲击，不仅会对居民家庭消费带来不确定性，其对居民人均消费的不利冲击也已经在上一小节的分析中得到确认，并且油价冲击对我国对数消费—总财富比率也存在显著影响。此外，分析结果还显示，油价上涨冲击可能会导致居民对消费篮子进行重新调整。结合董直庆等（2003）的研究结果来看，油价冲击很可能会通过消费对我国股市造成影响。因此有必要进一步对居民消费与股市关系进行分析，以了解消费在油价冲击我国股市收益率中是否发挥作用。

　　消费与股市收益率之间的关系分析结果如表 7.7 所示。在回归中除了

表7.7　　我国居民消费与股市收益率关系分析结果

变量	上证综指收益					A股等权重收益		
	8	9	10	11	12	10b	11b	12b
Constant	-0.016 (0.035)	-0.032 (0.030)	0.091 (0.418)	-0.511 (0.509)	-0.475 (0.500)	1.183** (0.584)	1.311* (0.786)	1.304* (0.769)
Rstock(-1)	-0.243 (0.165)	-0.248 (0.166)	-0.283* (0.166)	-0.249 (0.169)	-0.248 (0.170)	0.327*** (0.105)	0.341*** (0.123)	0.341*** (0.124)
$\Delta C(-1)$	-2.033* (1.129)	-2.370** (0.998)		-3.102** (1.159)			-0.233 (3.098)	
$\Delta Y(-1)$	3.269* (1.760)	3.898** (1.680)		5.026*** (1.628)			-1.199 (4.394)	
CAY(-1)			-0.234 (1.201)	1.337 (1.458)	1.235 (1.432)	-3.321** (1.644)	-3.599* (2.174)	-3.569* (2.126)
$\Delta C*CAY(-1)$					-8.404** (3.211)			-0.824 (8.738)
$\Delta Y*CAY(-1)$					13.961*** (4.464)			-3.741 (12.27)
Three-factor	No	Yes	Yes	Yes	Yes	No	No	No
R^2	0.114	0.195	0.147	0.207	0.207	0.135	0.145	0.147
Adj. R^2	0.054	0.080	0.047	0.071	0.072	0.098	0.067	0.070

注：括号内为 HAC 标准差，***、** 和 * 分别表示在 1%、5% 和 10% 显著性水平下拒绝系数为零的原设。

考虑短期消费或 cay 指标一期滞后项对股市收益的影响外，作为控制变量的还有股市收益率一阶滞后项（Rstock（-1））以及 Fama - French 三因子（RM，HML 和 SMB）。董直庆等（2003）分析认为收入也是消费与股市关系重要影响因素之一，因此在回归中我们还考虑了人均实际消费变化对股市的影响。模型 8 和模型 9 是关于短期消费与收入变化对上证综指收益率影响的分析，可发现两者回归所得系数都是显著的，其中收入增长率对股指收益率影响为正，而短期消费变化率对股市影响为负。模型 10 重点考察了 cay 指标是否对我国股指收益存在预测性，该变量回归所得系数不显著。模型 11 中同时包含了短期消费与收入变化率以及 cay 指标，结果基本没发生变化。

考虑到由于消费—收入—财富的趋势偏离度不同可能会引起短期消费的调整速度不同，因此在模型 12 中我们采用 cay 指标的滞后一期数据对消费增速与收入增速两个变量进行了规模化处理，分析当消费—收入与财富趋势偏离度相同时，消费与收入增速对股市收益率的影响。结果显示，规模化处理后的消费与收入增速仍然对上证综指收益率存在显著的影响，并且从绝对值来看，收入的影响大于消费，而 cay 指标对股市收益影响不显著。鉴于统计描述结果中上证综指收益率与我国沪深两市所有 A 股的等权重投资组合收益率有一定差异，这里在模型 10b 至模型 12b 中，我们还将解释变量替换为 A 股等权重收益率，考察了消费及 cay 指标对其的影响。发现短期消费变化率和收入变化率对等权重收益率的影响不显著，但 cay 指标对其存在显著的负向影响。

总结来看，分析结果表明消费变化、消费—收入及财富长期关系的偏离指标 cay，均对我国股市收益率存在显著的影响，说明居民消费与我国股市之间存在关联。然而值得注意的是，无论是消费变化率还是 cay 指标，其对我国股市收益率的影响都是负向的，不同于拉脱维亚和路德维格森（2001）等所发现的正向预测作用，这在一定程度上显现出我国股市投资者具有投机特征，属于非理性的风险追逐者。

7.5 结论与政策含义

近年来，随着国内人均收入的不断提高和家庭财富的积累，我国居民消费特征发生了较大的变化。家庭对汽车能源消耗性产品的需求与消费不断增加，使得国际石油价格的大幅变化可能会对我国居民消费产生一定的影响，并可能进一步影响股票市场。国外已有一些相关研究证实了油价冲击对居民消费的影响，同时还有不少研究指出居民消费与股市之间具有重要联系。基于此，在本章的分析中，我们对国际石油价格冲击与我国居民消费之间的关系，以及居民消费与股市是否存在关联，进行了实证研究。

通过借鉴梅赫拉和彼得森（2005）等的研究方法，本书首先分析了国际油价冲击对我国城镇居民总消费和各分项消费的影响。研究发现：（1）油价冲击对我国居民人均总消费具有不利冲击，且油价对总消费的冲击具有非对称性：油价下跌对居民人均总消费存在显著影响，而油价上涨对总消费的影响不显著。（2）从分项消费情况来看，油价冲击对食品和服装支出、医疗保健和交通通信支出存在不利影响，并且油价上涨冲击对食品服装和交通通信支出影响程度较大，不同于引入非线性油价变化率之后总消费中的分析结果。（3）分析结果还表明，油价上涨时居民居住等支出增加，显示出我国居民在受到油价冲击时可能会对消费结构进行调整。

这一部分研究结果说明，一方面，能源价格变化已成为影响我国居民消费的不可忽略的重要因素之一，从扩大内需的战略高度来看，需要我国政策制定者更加关注能源价格的影响。另一方面，分项消费分析结果提醒我们，笼统地判断油价上涨对我国居民消费存在正向或负向冲击缺乏准确性，而是要更注重油价冲击对不同类别消费的影响。其对应的政策含义在于，相关部门在油价调整过程中无须过于囿于价格上涨对消费的冲击担忧上，而要更多地从结构因素出发、估算油价调整对不同类别消费可能带来的冲击，并有针对性地采取相应措施，从而在居民总需求中尽可能减少油价冲击的不利影响。

本书还进一步考察了居民消费与我国股市收益率的关系，发现居民短期实际消费变化率对上证综指收益率存在显著影响。尤其是经过 cay 指标进行规模化处理后，短期消费变化对上证综指收益率的影响更为明显。但对数消费—财富比率指标 cay 对股市收益率的直接影响不显著。被解释变量替换为 A 股等权重投资组合收益率后，回归结果显示，cay 指标对其存在显著的影响。因此，综合消费对上证综指与深圳成指的影响结果来看，可以认为我国居民消费与股市收益率之间存在关系。但结果显示，消费变化率与 cay 指标对股市收益率的影响符号均为负。两者之间这种"此消彼长"的关系说明我国股市投资者还具有明显的投机特征，属于非理性的风险追逐者，这一点也与王海侠（2002）、王庆石和肖俊喜（2005）等的研究发现相一致。

综合油价冲击对我国居民总消费与分项消费的影响，以及消费与我国股市收益率之间存在的关系，在一定程度上可以认为居民消费调整是油价波动冲击我国股市收益率的可能渠道之一。这意味着理顺国内石油定价机制、合理规避国际石油价格剧烈波动对我国经济，如消费的影响，也将有助于国内股市的稳定健康发展。

第 8 章

主要结论与研究展望

8.1 主要结论

石油价格已经成为重要的宏观冲击因素之一。国际上关于油价冲击如何影响股票市场的分析日益增多，但有关国际石油价格冲击对中国股市的影响分析比较有限。在这一研究的领域中，还存在诸多问题需要我们进行进一步分析与验证。基于此，本书以国际石油价格冲击和中国股票市场的关系为研究对象，从不同视角分析了石油价格变动对我国股市收益率的冲击特征、冲击效应与冲击影响路径，主要的研究结论如下：

第一，在第 3 章中，通过对能源相关类股票与国际石油价格变化之间关系的分析，我们发现两者存在动态时变正相关关系。首先，在油价变化与我国能源股收益率的关系中存在结构性突变，断点发生在 2008 年。在断点发生之前两者的相关性比较弱，但断点之后油价对能源股收益存在显著的影响效应。进一步分析发现，油价冲击对我国能源类股票的投资组合收益率影响效应为正向，特别是对煤炭电力股投资组合收益的影响较为突出，而对新能源股票的同向冲击幅度相对小一些。说明国际石油价格冲击除了对直接与石油有关联的油气公司造成影响外，还对与石油存在替代关系的煤炭电力等公司存在影响。一方面，在股票市场上，油价冲击可能引发投资者进行不同能源股之间的投资转移；另一方面，油价冲击可能会通过需求替代或刺激投资等，影响非石油类公司经营活动。

从我国整个能源市场角度来看，虽然石油消费占比远低于煤炭等传统能源，但这里的研究结果从一个侧面向我们展示出，国际石油价格冲击有可能对我国整体能源市场造成较大的影响，油价冲击可能会在一定程度对我国能源结构配置产生影响。提醒我们国际原油价格冲击既是挑战也是机遇，暗示着油价波动还有助于我们进行能源结构的优化调整，特别是要重视发展新型能源。

第二，第 4 章从统计性描述分析角度，向我们揭示出了原油价格冲击与我国 13 个行业大类股票收益之间的相关关系特征：不仅具有动态时变性和行业差异性，而且油价对行业股价的冲击跟我国股市行业联动特征有关。其中，动态条件相关性模型的分析结果显示，与石油关系较为密切的行业，如采掘业、交通运输业等，受油价变化影响较大，这表现在两者相关系数较大或相关系数波动范围更大；而一些行业的特殊性也使其受油价变化影响异于其他行业，如对创新性要求较高的信息技术和传播文化业；农林牧渔业、制造业和批发零售等行业股票与国际油价关系较稳定，与油价变化率之间的相关性有限。对股市波动特征的分析表明，我国股市的收益变化主要与引起不同行业协同变化的冲击相关。加入油价变化率后的因子分析结果显示，在 2008 年金融危机之后，明显存在对我国股市有显著影响的油价公因子，说明油价对一些行业股票的冲击能够通过行业联动扩展至其他行业。

这一章的研究结果对我们的启示是：就我国股市监管而言，在油价高波动时期，基于油价冲击与不同行业的差异性关系，对不同股票行业给予不同程度关注是一个更为有效的方式。分析结果也间接表明，我国股票市场在一定程度上可能存在投资者过度反应现象，投资者的非理性情绪可能扩大了石油冲击对我国股票市场的影响。因此，我国股市的监管者除了要关注油价冲击对股市不同行业的影响差异外，还要致力于在油价高波动时期降低股市内部的行业协变，更好地引导投资者进行理性选择。

第三，第5章继续从行业层面出发，回归检验了油价冲击对我国13个行业大类股票收益率的冲击幅度，并对各行业进行了油价冲击的非对称性检验。分析结果表明，国际石油价格变化对我国采掘业、制造业、交通运输仓储业、信息技术业和批发零售业、房地产行业、社会服务业以及综合类等8个行业股票收益的影响系数显著为正，并且对采掘业股票的冲击幅度最大；而油价冲击对我国农林牧渔业、电力热力和水等生产及加工业、建筑业、金融保险业和传播文化业股票收益不存在任何影响。这一结果意味着，在受到国际油价下跌冲击时，我国股票市场投资者可以通过构造投资组合规避该风险。非对称性分析结果表明，在油价变化与我国行业股市的短期关系中，基本不存在任何的不对称效应，油价上升和下跌对我国各行业股票投资组合收益的影响没有显著差别。

第四，在第6章的分析中，本书引入了GDP增长率、短期利率、通货膨胀率和货币供应量等宏观经济变量，对宏观经济变量与油价冲击之间的长短期关系以及其在油价冲击我国股市中的作用进行了探讨，研究发现，通货膨胀率和经济增长在国际石油价格冲击我国股票收益率的过程中发挥着重要作用。具体地，在油价与GDP增长、GDP与股市关系的长期分析中，实证结果表明，国际石油价格与我国经济增长之间存在非对称的协整关系，显著区别于传统协整检验所得到的结果；并且考虑结构性变化因素后，我国GDP与股市之间也存在均衡关系，从而显示出长期内油价变化能够通过影响经济发展周期而冲击我国股票市场。这里长期关系分析结果也提醒我们，在经济持续快速发展过程中，可能存在我国宏观经济及股市与国际石油市场之间的双向联动关系。短期关系分析中，格兰杰因果检验和脉冲响应函数分析结果均表明，国际石油价格冲击对我国通货膨胀率和宏观经济增速有显著正向影响，而后两者又直接或间接地与我国股市收益变化存在明显的正相关关系。进一步将石油价格冲击区分为需求因素驱动型和石油供给因素驱动型之后，研究发现，股市收益率对来自石油供给因素引致的价格冲击响应基本为正但不显著，对需求冲击因素引致的油价冲击存在较为明显负向响应，不过石油供给冲击对我国 GDP 增速的影响程度显著大于石油需求冲击。

第五，本书最后分析了国际石油价格冲击对我国居民消费需求的影响，以及消费对股市收益的预测作用，发现油价变化可以通过显著影响居民消费而冲击股市收益率。对油价冲击与我国居民消费关系的分析结果显示，国际原油价格变化对人均总消费具有负向影响，并且在考虑油价冲击可能存在的非对称性之后，发现其对人均总消费的影响在油价下跌时表现更为明显。进一步基于各分项消费的分析结果表明，油价冲击不仅对不同分项消费的影响存在差异，而且油价上涨冲击的影响显著于油价下跌冲击的影响，并且显现出在受到油价上涨冲击时，我国居民具有对各分项消费进行重新调整、配置的特征。

其对应的政策含义是，相关部门在油价调整过程中无须过分囿于价格上涨对消费的不利影响，而要更多地从结构因素出发、估算油价调整对不同类别消费的冲击程度，有针对性地采取相应措施，促进居民消费结构的优化与升级，从而尽可能减少油价冲击对居民总需求的不利影响。更进一步地，从消费变化率和消费—收入—财富的长期趋势偏离项对我国股市收益的回归结果上来看，两者对股市收益率都存在一定的影响。不过消费与股市之间呈现出的是一种"此消彼长"的负相关关系，表明我国股市投资者具有投机特征，属于非理性的风险追逐者。

综合两方面研究结果，在一定程度上可以认为，油价上涨冲击导致居民消费调整是油价波动影响我国股市收益率的潜在途径之一。说明理顺国内石油定价机制、合理规避国际石油价格对我国经济体（如消费）的影响，也将有助于国内股市的健康稳定发展。

8.2　研究展望

本书对国际石油价格变化以及如何影响中国股市收益率进行了多角度

分析，并尝试从宏观经济变量角度和居民消费角度对油价冲击股市的方式进行解释，得到了一些较有意义的研究结论。但毫无疑问，在分析过程中还存在一定不足之处，比如文章主要侧重实证分析，较少从理论模型角度对两个市场之间的关联进行深入探讨，这是在后续研究中要提高和完善的地方。另外，本书更侧重从收益率角度分析股市对油价冲击的响应，而没有分析在波动率层面上，股市与油价存在怎么的关联。并且从石油定价机制上而言，期货市场价格可能更具有参考意义，因而除了加强从理论与实证角度分析国际油价变化率及波动率对我国股市的影响外，原油现货对原油期货等在收益和波动上的影响如何，也是后续研究中值得探讨的问题。

参 考 文 献

［1］陈梦根，曹凤岐．中国证券市场价格冲击传导效应分析［J］．管理世界，2005（10）：24-33.

［2］陈其安，张媛，刘星．宏观经济环境、政府调控政策与股票市场波动性——来自中国股票市场的经验证据［J］．经济学家，2010（2）：90-98.

［3］陈宇峰，缪仁余．国际油价波动对中国汽车消费需求的非线性冲击效应：1997—2008［J］．财贸经济，2010（5）：116-122.

［4］代伊博，谭力文．国际石油价格波动对中国消费需求的冲击——基于VAR模型的研究与分析［J］．东北大学学报（社会科学版），2010，12（6）：498-503.

［5］董直庆，蔡玉程，李仁良．消费与股价的作用机制分析［J］．数量经济技术经济研究，2003（1）：61-67.

［6］段鸿斌，杨光．股票市场与经济增长：基于中国的经验分析［J］．中央财经大学学报，2009（12）：31-36.

［7］韩德宗，吴伟彪．中国股市是宏观经济的"晴雨表"吗？［J］．数量经济技术经济研究，2003（5）：59-62.

［8］韩学红，郑妍妍，伍超明．对我国股票收益率与通货膨胀率关系的解释：1992—2007［J］．金融研究，2008（4）：21-36.

［9］姬强，范英．次贷危机前后国际原油市场与中美股票市场间的协动性研究［J］．中国管理科学，2010，18（6）：42-50.

［10］贾炜，蔡维，樊瑛．一个关于中国股票市场和宏观经济相互关系的实证分析［J］．北京师范大学学报（自然科学版），2007（1）：93-96.

[11] 蒋治平. 我国股市行业指数之间的冲击传导研究 [J]. 证券市场导报, 2008 (10): 23 - 28.

[12] 解洪涛, 周少甫. 中国宏观经济与股市动态关系研究: 1998—2007 [J]. 统计与决策, 2009 (3): 112 - 113.

[13] 金洪飞, 金荦. 石油价格与股票市场的溢出效应——基于中美数据的比较分析 [J]. 金融研究, 2008 (2): 83 - 97.

[14] 李新颜, 王嘉, 高丽亚. 国内原油价格与国际原油价格的相互关系 [J]. 统计与决策, 2005 (20): 75 - 77.

[15] 李勇辉, 温娇秀. 我国城镇居民预防性储蓄行为与支出的不确定性关系 [J]. 管理世界, 2005 (5): 14 - 18.

[16] 梁琪, 滕建州. 股票市场、银行与经济增长: 中国的实证分析 [J]. 金融研究, 2005 (10): 9 - 19.

[17] 林伯强, 牟敦国. 能源价格对宏观经济的影响——基于可计算一般均衡 (CGE) 的分析 [J]. 经济研究, 2008, 43 (11): 88 - 101.

[18] 林伯强, 王锋. 能源价格上涨对中国一般价格水平的影响 [J]. 经济研究, 2009, 44 (12): 66 - 79, 150.

[19] 刘建, 蒋殿春. 国际原油价格冲击对我国经济的影响——基于结构 VAR 模型的经验分析 [J]. 世界经济研究, 2009 (10): 33 - 38, 67, 88.

[20] 刘金全, 王风云. 资产收益率与通货膨胀率关联性的实证分析 [J]. 财经研究, 2004 (1): 123 - 128.

[21] 刘玲, 谢赤, 曾志坚. 股票价格指数与宏观经济变量关系的实证研究 [J]. 湖南师范大学社会科学学报, 2006 (5): 82 - 86, 104.

[22] 刘少波, 丁菊红. 我国股市与宏观经济相关关系的“三阶段演进路径”分析 [J]. 金融研究, 2005 (7): 57 - 66.

[23] 刘勇. 我国股票市场和宏观经济变量关系的经验研究 [J]. 财贸经济, 2004 (4): 21 - 27.

[24] 鲁昌. 消费、利率与证券市场波动 [J]. 上海财经大学学报,

2001 (2): 11 -15, 43.

[25] 马进, 关伟. 我国股票市场与宏观经济关系的实证分析 [J]. 财经问题研究, 2006 (8): 71 -75.

[26] 任会林, 杜征征. 关于通货膨胀率、股票收益率与交易量的实证检验 [J]. 统计与决策, 2009 (21): 74 -76.

[27] 宋增基, 刘芍佳, 杨倩, 李春红. 中国经济增长对世界石油价格影响的定量研究 [J]. 中国软科学, 2009 (7): 56 -66, 82.

[28] 王海侠. 股价指数、消费、利率之间的联动性分析 [J]. 东北财经大学学报, 2002 (6): 42 -46.

[29] 王立平. 中国居民消费、习惯偏好与资产收益研究 [J]. 中南财经政法大学学报, 2007 (1): 37 -41, 143.

[30] 王庆石, 肖俊喜. 习惯形成、局部持久性和基于消费的资本资产定价——来自中国股市的经验分析 [J]. 统计研究, 2005 (5): 22 -27.

[31] 王晓芳, 高继祖. 股市收益与通货膨胀率: 中国数据的 ARDL 边界检验分析 [J]. 统计与决策, 2007 (4): 86 -88.

[32] 许均华, 李启亚. 宏观政策对我国股市影响的实证研究 [J]. 经济研究, 2001 (9): 12 -21, 95.

[33] 闫东鹏, 王清容. 消费变量预测中国股市回报的实证研究 [J]. 中央财经大学学报, 2009 (1): 35 -39.

[34] 杨高宇. 中国股市周期与经济周期的动态关联研究 [J]. 工业技术经济, 2011, 30 (10): 150 -160.

[35] 杨柳, 李力. 能源价格变动对经济增长与通货膨胀的影响——基于我国 1996—2005 年间的数据分析 [J]. 中南财经政法大学学报, 2006 (4): 51 -55.

[36] 易纲, 王召. 货币政策与金融资产价格 [J]. 经济研究, 2002 (3): 13 -20, 92.

[37] 张斌, 徐建炜. 石油价格冲击与中国的宏观经济: 机制、影响与对策 [J]. 管理世界, 2010 (11): 18 -27.

[38] 张欢，成金华. 中国能源价格变动与居民消费水平的动态效应——基于 VAR 模型和 SVAR 模型的检验 [J]. 资源科学，2011，33 (5)：806 - 813.

[39] 张意翔，孟刚. 国际原油价格对我国原油价格影响的动态效应分析 [J]. 统计与决策，2009 (17)：124 - 126.

[40] 周璇. 基于消费资本资产定价模型的中国居民消费与投资行为研究 [J]. 商场现代化，2009 (9)：27 - 28.

[41] Al - Mudhaf, A. , Goodwin, T. H. Oil shocks and oil stocks: evidence from the 1970s [J]. Applied Economics, 1993, 25 (2): 181 - 190.

[42] Andrews, D. W. K. Test for Parameter Instability and Structural Change with Unknown Change Point [J]. Econometrica, 1993, 61 (4): 821 - 856.

[43] Andrews, D. W. K. , Ploberger, W. Optimal Tests When a Nuisance Parameter Is Present Only Under the Alternative [J]. Econometrica, 1994, 62 (6): 1383 - 1414.

[44] Aono, K. , Iwaisako, T. The consumption-wealth ratio, real estate wealth, and the Japanese Stock market [J]. Japan and the world economy, 2013, 25 - 26: 39 - 51.

[45] Apergis N. , Miller, S. M. Do structural oil-market shocks affect stock prices [J]. Energy Economics, 2009, 31: 569 - 575.

[46] Arouri, M. Does crude oil move stock markets in Europe? A sector investigation [J]. Economic Modeling, 2011, 28 (4): 1716 - 1725.

[47] Arouri, M. , Nguyen, D. K. Oil prices, stock markets and portfolio investment: evidence from sector analysis in Europe over the last decade [J]. Energy Policy, 2010, 38: 4528 - 4539.

[48] Atje, R. , Jovanovic, B. Stock Markets and Development [J]. European Economic Review, 1993, 37: 632 - 640.

[49] Bashar, O. , Wadud, I. , Ahmed, H. A. Oil price uncertainty,

monetary policy and the macroeconomy: The Canadian perspective [J]. Economic Modelling, 2013, 35: 249 – 259.

[50] Basher S. A. , Sadorsky, P. Oil price risk and emerging stock markets [J]. Global Finance Journal, 2006, 17: 224 – 251.

[51] Bemanke, B. S. Irreversibility, Uncertainty and Cyclical Investment [J]. The Quarterly Journal of Economics, 1983, 98: 85 – 106.

[52] Bernanke, B. , Gertler, M. , Watson, M. Systematic monetary policy and the effects of oil shocks [J]. Brookings Papers on Economic Activity, 1997, 28 (1): 91 – 157.

[53] Boyer, M. M. , Filion, D. Common and fundamental factors in stock returns of Canadian oil and gas companies [J]. Energy Economics, 2007, 29 (3): 428 – 453.

[54] Burbidge, J. , Harrison, A. Testing for the Effects of Oil – Price Rises Using Vector Auto regressions [J] . International Economic Review, 1984, 25: 459 – 484.

[55] Campbell, J. Y. , Mankiw, G. Consumption, Income, and Interest Rates: Reinterpreting the Time Series Evidence [J]. NBER Working Paper, 1989, No. 2436.

[56] Chang, C. L. , McAleer, M. , Tansuchat, R. Conditional correlations and volatility spillovers between crude oil and stock index returns [J]. Discussion Paper, Kyoto Institute of Economic Research, 2010, 715.

[57] Chen, K. C. , Chen, S. L. , Wu, L. F. Price causal relations between China and the world oil markets [J]. Global Finance Journal, 2009, 20 (2): 107 – 118.

[58] Chow, G. C. Tests of Equality Between Sets of Coefficients in Two Linear Regressions [J]. Econometrica, 1960, 28 (3): 591 – 605.

[59] Ciner, C. Energy shocks and financial markets: nonlinear linkages [J]. Studies in Nonlinear Dynamics & Econometrics, 2001, 5: 203 – 212.

［60］ Cong, R. G. , Wei, Y. M. , Jiao, J. L. , Fan, Y. Relationships between oil price shocks and stock market: an empirical analysis from China ［J］. Energy Policy, 2008, 36: 3544 – 3553.

［61］ Cunado, J. , Perez de Gracia, F. Oil price shocks and stock market returns: Evidence for some European countries ［J］. Energy Economics, 2014, 42: 365 – 377.

［62］ Dagher, L. , Hariri, S. E. The impact of global oil price shocks on the Lebanese stock market ［J］. Energy, 2013, 63 (15): 366 – 374.

［63］ Davis, S. J. , Haltiwanger, J. Sectoral job creation and destruction responses to oil price changes ［J］. Journal of Monetary Economics, 2001, 48 (3): 465 – 512.

［64］ Demirgiic – Kunt, A. , Levine, R. Stock markets, corporate finance, and economic growth: An overview ［J］. World Bank Economic Review, 1996, 10 (2): 223 – 239.

［65］ Dohner, R. S. Energy Prices. Economic Activity and Inflation: Survey of Issues and Results ［M］, Energy Prices, Inflation and Economic Activity, Cambridge, Mass. , Ballinger, 1981: 7 – 41.

［66］ Du, L. M. , He, Y. N. , Wei, C. The relationship between oil price shocks and China's macro-economy: An empirical analysis ［J］. Energy Policy, 2010, 38: 4142 – 4151.

［67］ Edelstein, P. , Kilian, L. How sensitive are consumer expenditures to retail energy prices ［J］. Journal of Monetary Economics, 2009, 56 (6): 766 – 779.

［68］ El – Sharif, B. D. , Burton, B. , Nixon, B. , Russell, A. Evidence on the nature and extent of the relationship between oil prices and equity values in the UK ［J］. Energy Economics, 2005, 27: 819 – 830.

［69］ Engle, F. R. Dynamic conditional correlation: a simple class of multivariate GARCH models ［J］. Journal of Business and Economic Statistics,

2002, 20: 339 – 350.

[70] Ewing, B. T. The Transmission of Shocks among S&P Indexes [J]. Applied Financial Economics, 2002, 12: 285 – 290.

[71] Faff, R. , Brailsford, T. Oil price risk and the Australian stock market [J]. Journal of Energy Finance & Development, 1999, 4: 69 – 87.

[72] Fan, Q. , Jahan – Parvar, M. R. U. S. industry-level returns and oil prices [J]. International Review of Economics & Finance, 2012, 22 (1): 112 – 128.

[73] Fan, Y. , Xu, J. H. What has driven oil prices since 2000? A structural change perspective [J]. Energy Economics, 2011, 33 (6): 1082 – 1094.

[74] Fan, Y. , Jiao, J. L. , Liang, Q. M. , Han, Z. Y. The impact of rising international crude oil price on China's economy: an empirical analysis with CGE model [J]. International Journal of Global Energy Issues, 2007, 27: 404 – 424.

[75] Faria, J. R. , Mollick, A. V. , Albuquerque, P. H. , Leon – Ledesma, M. The effect of oil price on China's exports [J]. China Economic Review, 2009, 20 (4): 793 – 805.

[76] Ferderer, P. J. Oil price volatility and the macro economy [J]. Journal of Macroeconomics, 1996, 18 (1): 1 – 26.

[77] Filis, G. , Degiannakis, S. , Floros, C. Dynamic correlation between stock market and oil prices: The case of oil-importing and oil-exporting countries [J]. International Review of Financial Analysis, 2011, 20: 152 – 164.

[78] Finn, M. G. Perfect Competition and the Effects of Energy Price Increases on Economic Activity [J]. Journal of Money, Credit, and Banking, 2000, 32: 400 – 416.

[79] Foerster, A. T. , Sarte Pierre – Daniel, G. , Watson, M. W. Sectoral versus Aggregate Shocks: A Structural Factor Analysis of Industrial Produc-

tion [J]. Journal of Political Economy, 2011, 119 (1): 1 - 38.

[80] Fried, E. R. , Schultze, C. L. Higher Oil Prices and the World Economy [M]. Washington, D. C. , the Brookings Institution, 1975.

[81] Gisser. M. , Goodwin, T. H. Crude oil and the macro economy: tests of some popular notions [J]. Journal of Money, Credit and Banking, 1986, 18 (1): 95 - 103.

[82] Gupta, R. , Modise, M. P. Does the source of oil price shocks matter for South African stock returns? A structural VAR approach [J]. Energy Economics, 2013, 40: 825 - 831.

[83] Hamilton, J. D. Oil and the macro-economy since World War II [J]. Journal of Political Economy, 1983, 91: 228 - 248.

[84] Hamilton, J. D. A neoclassical model of unemployment and the business cycle [J]. Journal of Politcal Economy, 1988, 96: 593 - 617.

[85] Hamilton, J. D. A new approach to the economic analysis of non-stationarv time series and business cycle [J]. Econometrica, 1996, 57: 357 - 384.

[86] Hamilton, J. D. What is an oil shock [J]. Journal of Econometrics, 2003, 113: 363 - 398.

[87] Hamilton, J. D. Nonlinearities and the Macroeconomic Effects of Oil Prices [J]. Macroeconomic Dynamics, Cambridge University Press, 2011, 15 (S3): 364 - 378.

[88] Hammoudeh, S. , Eleisa, E. Dynamic relationships among the GCC stock markets and the NYMEX oil price [J]. Contemporary Economic Policy, 2004, 22 (2): 250 - 269.

[89] Hammoudeh, S. , Li, H. M. Sudden changes in volatility in emerging markets: The case of Gulf Arab stock markets [J]. International Review of Financial Analysis, 2008, 17 (1): 47 - 63.

[90] Hang, L. , Tu, M. The impacts of energy prices on energy intensi-

ty: evidence from China [J]. Energy Policy, 2007, 35: 2978 – 2988.

[91] Hansen, B. E. Approximate Asymptotic P Values for Structural Change Tests [J]. Journal of Business & Economic Statistics, 1997, 15 (1): 60 – 67.

[92] Harris, R. D. F. Stock Markets and Development: A Re-assessment [J]. European Economic Review, 1997, 41: 139 – 146.

[93] Henriques, I. , Sadorsky, P. Oil prices and the stock prices of alternative energy companies [J]. Energy Economics, 2008, 30: 998 – 1010.

[94] Hooker, A. M. What happened to the oil price-macroeconomy relationship [J]. Journal of Monetary Economics, 1996, 38 (2): 195 – 213.

[95] Huang, B. N. , Hwang, M. J. , Peng, H. P. The asymmetry of the impact of oil price shocks on economic activities: an application of the multivariate threshold model [J]. Energy Economics, 2005, 27 (3): 455 – 476.

[96] Huang, R. D, Masulis, R. W. , Stoll, H. R. Energy shocks and financial markets [J]. Journal of Futures Markets, 1996, 16: 1 – 27.

[97] Huang, Y. , Guo, F. The role of oil price shocks on China's real exchange rate [J]. China Economic Review, 2007, 18 (4): 403 – 416.

[98] Jones, C. M. , Kaul, G. Oil and the stock markets [J]. The Journal of Finance, 1996, 51: 463 – 491.

[99] Kilian, L. The Economic Effects of Energy Price Shocks [J]. Journal of Economic Literature, 2008, 46 (4): 871 – 909.

[100] Kilian, L. Comment on "causes and consequences of the oil shock of 2007—2008" [J]. Brookings Papers on Economic Activity, 2009: 267 – 284.

[101] Kilian. L. , Park, C. The impact of oil price shocks on the U. S. stock market [J]. International Economic Review, 2009, 50: 1267 – 1287.

[102] Lardic, S. , Mignon, V. The impact of oil prices on GDP in European countries: An empirical investigation based on asymmetric cointegration [J]. Energy Policy, 2006, 34: 3910 – 3915.

[103] Lardic, S., Mignon, V. Oil prices and economic activity: An asymmetric cointegration approach [J]. Energy Economics, 2008, 30: 847 – 855.

[104] Leduc, S., Sill, K. A Quantitative Analysis of Oil – Price Shocks, Systematic Monetary Policy, and Economic Downturns [J]. Journal of Monetary Economics, 2004, 51 (4): 781 – 808.

[105] Lee, B. R., Lee, K., Ratti, R. A. Monetary policy, oil price shocks, and the Japanese economy [J]. Japan and the World Economy, 2001, 13 (3): 321 – 349.

[106] Lee, K., Ni, S. On the dynamic effects of oil shocks: A study using industry level data [J]. Journal of Monetary Economics, 2002, 49: 823 – 852.

[107] Lee, K., Ni, S., Ratti, R. Oil shocks and the macroeconomy: The role of price variability [J]. The Energy Journal, 1995, 16: 39 – 56.

[108] Lettau, M., Ludvigson, S. Consumption, aggregate wealth, and expected stock returns [J]. Journal of Finance, 2001, 56: 815 – 849.

[109] Levine R., Zervos, S. Stock markets, banks, and economic growth [J]. American Economic Review, 1998, 88: 537 – 558.

[110] Li, R., Leung, G. C. K. The integration of China into the world crude oil market since 1998 [J]. Energy Policy, 2011, 39: 5159 – 5166.

[111] Li, S. F., Zhu, H. M., Yu, K. M. Oil prices and stock market in China: A sector analysis using panel cointegration with multiple breaks [J]. Energy Economics, 2012, 34 (6): 1951 – 1958.

[112] Lizardo, R. A., Mollick, A. V. Oil price fluctuations and U. S. dollar exchange rates [J]. Energy Economics, 2010, 32: 399 – 408.

[113] Ma, C., Stern, D. I. China's changing energy intensity trend: a decomposition analysis [J]. Energy Economics, 2008, 30 (3): 1037 – 1053.

[114] Maghyereh, A. Oil price shocks and emerging stock markets: A

generalized VAR approach [J]. International Journal of Applied Econometrics and Quantitative Studies, 2004, 1: 27 - 40.

[115] Masih, R., Peters, S., Mello, L. D. Oil price volatility and stock price fluctuations in an emerging market: Evidence from South Korea [J]. Energy Economics, 2011, 33: 975 - 986.

[116] Mehra, Y. P. The Wealth Effect in Empirical Life - Cycle Aggregate Consumption Equations [J]. Federal Reserve Bank of Richmond Economic Quarterly, 2001, 87 (2): 45 - 68.

[117] Mehra, Y. P., Peterson, J. D. Oil Prices and Consumer Spending [J]. FRB Richmond Economic Quarterly, 2005, 91 (3): 53 - 72.

[118] Miller, J. I., Ratti, R. A. Crude oil and stock markets: stability, instability, and bubbles [J]. Energy Economics, 2009, 31: 559 - 568.

[119] Mork, K. A. Oil and the macroeconomy when prices go up and down: An extension of Hamilton's results [J]. Journal of Political Economy, 1989, 91: 740 - 744.

[120] Moya - Martinez, P., Ferrer - Lapeña, R., Escribano - Sotos, F. Oil price risk in the Spanish stock market: An industry perspective Original Research Article [J]. Economic Modelling, 2014, 37: 280 - 290.

[121] Naifar, N., Al Dohaiman, M. S. Nonlinear analysis among crude oil prices, stock markets' return and macroeconomic variables Original Research Article [J]. International Review of Economics & Finance, 2013, 27: 416 - 431.

[122] Nandha, M., Faff, R. Does Oil Move Equity Prices? A Global View [J]. Energy Economics, 2008, 30: 986 - 997.

[123] Nandha, M., Brooks, R. Oil prices and transport sector returns: an international analysis [J]. Review of Quantitative Finance and Accounting, 2009, 33 (4): 393 - 409.

[124] Narayan, P. K., Narayan, S., Prasad, A. Understanding the oil

price-exchange rate nexus for the Fiji islands [J]. Energy Economics, 2008, 30 (5): 2686 – 2696.

[125] Odusami, B. O. To consume or not: How oil prices affect the co-movement of consumption and aggregate wealth [J]. Energy Economics, 2010, 32 (4): 857 – 867.

[126] Ou, B. L., Zhang, X., Wang, S. Y. How does China's macro-economy response to the world crude oil price shock: A structural dynamic factor model approach [J]. Computers & Industrial Engineering, 2012, 63 (3): 634 – 640.

[127] Papapetrou, E. Oil price shocks, stock market, economic activity and employment in Greece [J]. Energy Economics, 2001, 23 (5): 511 – 532.

[128] Park, J. W., Ratti, R. A. Oil price shocks and stock markets in the US and 13 European countries [J]. Energy Economics, 2008, 30 (5): 2587 – 2608.

[129] Rahman, S., Serletis, A. The asymmetric effects of oil price and monetary policy shocks: A nonlinear VAR approach [J]. Energy Economics, 2010, 32 (6): 1460 – 1466.

[130] Reboredo, J. C. Modelling oil price and exchange rate co-movements [J]. Journal of Policy Modeling, 2012, 34 (3): 419 – 440.

[131] Rodriguez, J. R., Sanchez, M. Oil Price Shocks and Real GDP Growth: Empirical Evidence for some OECD Countries [J]. Applied Economics, 2005, 37: 201 – 228.

[132] Rotemberg, J. J., Woodford, M. Imperfect Competition and the Effects of Energy Price Increases [J]. Journal of Money, Credit, and Banking, 1996, 28: 549 – 577.

[133] Sadorsky, P. Oil price shocks and stock market activity [J]. Energy Economics, 1999, 21: 449 – 469.

[134] Sadorsky, P. Risk factors in stock returns of Canadian oil and gas

companies [J]. Energy Economics, 2001, 23: 17 – 28.

[135] Sadorsky, P. The macroeconomic determinants of technology stock price volatility [J]. Rev. Financ. Economics, 2003, 12 (2): 191 –205.

[136] Schorderet, Y. Asymmetric cointegration [J]. Department of Econometrics, University of Geneva, 2003, Working paper.

[137] Segal, P. Why Do Oil Price Shocks No Longer Shock [J]. Oxford Institute for Energy Studies, 2007, Working Paper.

[138] Tang, W. Q., Wu, L. B., Zhang, Z. X. Oil price shocks and their short-and long-term effects on the Chinese economy [J]. Energy Economics, 2010, 32: 3 – 14.

[139] Wang, X., Zhang, C. G. The impacts of global oil price shocks on China's fundamental industries [J]. Energy Policy, 2014, 68: 394 – 402.

[140] Wang, Y. D., Wu, C. F., Yang, L. Oil price shocks and agricultural commodity prices [J]. Energy Economics, 2014, 44: 22 – 35.

[141] Wang, Y. S. Oil price effects on personal consumption expenditures [J]. Energy Economics, 2013, 36: 198 – 204.

[142] Zhang, C. G., Chen, X. Q. The impact of global oil price shocks on China's bulk commodity markets and fundamental industries [J]. Energy Policy, 2014, 66: 32 – 41.

[143] Zhang, D. Y. Oil shock and economic growth in Japan: A nonlinear approach [J]. Energy Economics, 2008, 30 (5): 2374 – 2390.

[144] Zhang, C. G., Chen, X. Q. The impact of global oil price shocks on China's stock returns: Evidence from the ARJI – h_t – EGARCH model, Energy, 2011, 36 (11): 6627 – 6633.

[145] Zhu, H. M., Li, R., Li, S. F. Modelling dynamic dependence between crude oil prices and Asia – Pacific stock market returns [J]. International Review of Economics & Finance, 2014, 29: 208 – 223.